D. LEPRINCE

LES

INTÉRÊTS DE CETTE

LETTRES DE QUELQU'UN

LETTRES DE LA MONTAGNE

Prix : 2 francs

CETTE

LIBRAIRIE PATRAS, GRANDE RUE

1882

LES
INTÉRÊTS DE CETTE

DU MÊME AUTEUR

LA SITUATION FINANCIÈRE DE CETTE (1849).
  In-8°.. *Épuisé.*
LES INTÉRÊTS DE CETTE (1868), avec plan. In-8° *Épuisé.*
LES CHEMINS DE FER SUR ROUTE DANS
  L'HÉRAULT (1878). In-8°. — Prix........... 1 »
CANAL DE GRANDE COMMUNICATION DU RHONE
  AU CANAL DU MIDI (1878). In-8°............ *Épuisé.*
LES TRAVAUX DE L'ÉTANG DE THAU (1880). In-8° *Épuisé.*
LE COMMERCE DE CETTE en 1879. In-8°....... *Épuisé.*

EN PRÉPARATION

LES INTÉRÊTS DE CETTE (Pages oubliées, 1871-1880.)

D. LEPRINCE

LES

INTÉRÊTS DE CETTE

LETTRES DE QUELQU'UN

LETTRES DE LA MONTAGNE

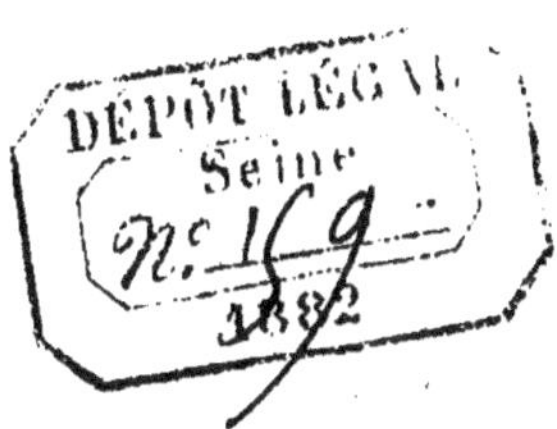

CETTE

LIBRAIRIE PATRAS, GRANDE RUE

1882

Nous croyons faire une chose utile en rééditant, en volume, les *Lettres de Quelqu'un*, dont la publication, dans un journal local, vient à peine d'être terminée, et de les faire suivre des *Lettres de la Montagne*, parues, dans le même journal. à la fin de l'année dernière.

Ces deux séries de lettres se complètent, à notre point de vue, l'une par l'autre.

Et, en effet, tandis que les *Lettres de Quelqu'un* font connaître les besoins que Cette concentre, auxquels son port répond, et qu'elles disent par quel ensemble de travaux, publics et communaux, ces besoins seraient le mieux servis, les *Lettres de la Montagne*, plus locales, s'occupent des améliorations, matérielles et morales, qu'elle réclame et qui, dès à présent, s'imposent à ses édiles.

On le voit, ce titre : Les Intéréts de Cette, que nous avons cru pouvoir leur donner, ne saurait être mieux justifié ?

Quant à l'utilité de leur réimpression avons-nous réellement à la démontrer ?

Nous plaçant au-dessus de petitesses, qui ne comptent, elles, qu'avec le fait acquis, nous avons recherché l'avenir que le présent même promet à Cette, et, de nos investigations, nous avons conclu que, bientôt, demain, elle serait, comme Marseille, l'un des facteurs essentiels de la fortune nationale.

Or, de là, à étudier les moyens à prendre pour lui assurer cette suprématie, il n'y avait qu'un pas à faire, et ce pas nous l'avons fait.

Que la solution que nous avons donnée aux questions que nos lettres posent ne soit pas conforme aux vues générales, — que cette solution ait, même, contre elle, des hommes autorisés, ceux qui peuvent le plus pour Cette, — nous l'admettons très volontiers ; mais pouvions-nous laisser enfouie, perdue dans des numéros de journal, cette solution que nous croyons être la meilleure?

Non, certes.

Voilà, maintenant, nos lettres réunies en faisceau, et l'opinion publique pourra se prononcer en connaissance de cause entre nos contradicteurs et nous.

Du reste, nous ne méritons pas qu'on nous jette la pierre. C'est un témoignage que notre conscience nous rend ; car, dans ces lettres, comme dans tous nos autres écrits, relatifs à Cette, si nous avons péché, c'est pour l'avoir trop aimée !

D. L.

Montmorency, 1er décembre 1881

LES

INTÉRÊTS DE CETTE

LETTRES DE QUELQU'UN

I

Vous me demandez d'exposer, dans une série de lettres, mes vues particulières sur les travaux publics qui devraient être entrepris et exécutés pour que notre port, dont l'importance heureusement ne se conteste plus, soit mis, enfin, en rapport avec les besoins qu'il dessert et avec les besoins qu'il est appelé à desservir.

Je ne vois pas pourquoi je ne répondrais pas à votre demande.

Cependant, je mets une condition à cette collaboration temporaire, et cette condition, la voici :

Vous me laisserez dire en toute liberté ce que je croirai devoir dire, m'engageant, d'ailleurs, à ne toucher en rien aux individualités quelles qu'elles soient — quelle que soit la situation qu'elles occupent, si vous le voulez.

Je désire avoir la liberté de tout dire, parce que, sans cette liberté, je me trouverais arrêté, à chaque pas, par le fait acquis, blâmable le plus souvent, et dont, cependant, il faut tenir compte, si l'on veut réellement que la prospérité de Cette, qui s'accentue chaque jour davantage, malgré tout et malgré tous, arrive dans peu d'années à son entier développement.

D'un autre côté, je ne rendrai personne responsable des fautes qui, dans le passé, ont fait obstacle à ce qu'elle devienne, — ce qu'elle devrait être depuis longtemps déjà! — l'un des premiers ports du Monde, d'abord, parce que les récriminations, même les mieux fondées, ne réparent rien, qu'elles ne changent pas un grain de sable de place, et, ensuite, parce que l'homme ne fait jamais le mal qu'inconsciemment et, souvent, en croyant mieux faire que d'autres, — que ceux qui, avant lui, ont eu la responsabilité de sa tâche.

Dira-t-on que, pour parler avec autorité de certaines choses, il faut avoir une compétence qui, peut-être, me fait défaut?

Je crois que les diverses questions que j'aurai à exposer et à résoudre ne me sont pas absolument étrangères; mais, en admettant que, sur quelques-uns des points auxquels elles touchent, je me trompe, est-ce qu'en les mettant à l'ordre du jour, je n'aurai pas encore rendu service à la Cité?

Les questions n'ont, le plus souvent, de solutions heureuses qu'à la suite du bruit qu'on a fait à propos d'elles, de l'agitation qu'elles ont soulevée!

Vous l'avez ainsi compris, du reste, puisque vous avez cru devoir me demander ces lettres...

Mais quelles questions examinerai-je? Quel sera, en d'autres termes, mon programme?

Il me semble que, dès les premières lignes de cette lettre, j'ai suffisamment indiqué les points sur lesquels, successivement, je devais m'arrêter.

Toutefois, en dehors des travaux publics que Cette réclame avec tant de raison, j'aurai à traiter des voies et moyens qui pourraient en assurer la prochaine exécution.

Peu importe, en effet, que des travaux soient reconnus urgents, et, encore, qu'ils soient sollicités par tous les intérêts, si, faute de ressources suffisantes — faute d'argent! — on ne peut même songer à les étudier.

Ceci dit, qu'il me soit permis de terminer cette lettre-préface par quelques mots à l'adresse de ceux de mes lecteurs qui pourraient chercher à mettre un nom à la place du pseudonyme que je crois devoir prendre.

L'écrivain peut être, personnellement, plus ou moins sympathique: il n'y a guère, en général, que les nullités qui n'aient pas le don de soulever contre elles des inimitiés! il peut, même, avoir été chargé, comme je ne sais plus quelle bête d'Israël, de toutes les iniquités; mais il n'en est pas moins vrai que ce qu'il écrit reste, si ce qu'il écrit répond au sentiment public, à l'intérêt général.

Que l'œuvre soit bonne, voilà l'important!

Quand donc nous habituerons-nous à nous juger réciproquement d'après nos actes et non d'après nos préventions?...

II

La situation qu'occupe Cette, au fond du golfe de Lyon, est peut-être unique au Monde.

Lorsqu'on jette successivement les yeux sur une carte de la Méditerranée; sur la carte hydrographique de cette partie de nos côtes qui s'étend du Golfe de Fos au Cap-Creux, et sur une carte de la France, principalement sur la carte de l'État-Major, on reste étonné, émerveillé, devant les ressources que la nature a accumulées pour elle, et on se demande, attristé, comment il a pu se faire que, jusqu'à ce jour, l'homme n'ait pas su les mieux utiliser.

L'imprévoyance ou, plutôt, cette tendance qui nous porte à ne nous occuper que du présent, même en lui sacrifiant l'avenir, explique, sans le justifier, ce laisser-faire, ce laisser-aller!

Oui, la situation de Cette est incomparablement exceptionnelle, et l'on ne comprend pas que, depuis longtemps déjà, son port n'ait pas acquis toute l'importance des ports de Bordeaux, du Havre, d'Anvers, de Glascow et, pour en revenir aux ports français, de Marseille!

La carte de la Méditerranée nous montre Cette plus rapprochée que Marseille de la Péninsule Ibérique, dont les relations commerciales avec la France deviennent de jour en jour plus fréquentes ; du détroit de Gibraltar, qui ouvre à la Méditeranée la route du Nord de l'Europe, celle des deux Amériques, celle de l'Afrique occidentale, et, encore, de notre province d'Oran, si riche et si inexploitée cependant.

Peut-être même que, si l'on mesurait les distances à vol d'oiseau, on s'apercevrait qu'elle n'est pas plus éloignée que l'opulente Cité phocéenne de l'Italie méridionale, de la Grèce, de la Turquie, de l'Isthme de Suez et, surtout, de nos deux provinces de Constantine et d'Alger.

D'ailleurs, avec la navigation à vapeur, qui se substitue quotidiennement à la navigation à voiles, que peuvent faire quelques milles de plus ou de moins?

La carte de l'État-Major nous prouve, de son côté, que, plus rapidement et plus économiquement que Marseille encore, Cette peut desservir le Sud-Ouest et le Centre de la France, ainsi que toutes les contrées situées à l'Ouest du Rhône, en lui disputant, avec des avantages égaux, les pays situés au Nord de Lyon, Paris compris.

Enfin, la carte hydrographique nous témoigne que, sans être assujetti, comme à Bordeaux, à Anvers et à Glasgow, à remonter un fleuve, et, comme à Marseille et au Havre, à conquérir à grands frais, sur la mer, de grands bassins maritimes, on peut avoir, à Cette, un port intérieur sans pareil, et autour duquel l'espace nécessaire à l'industrie, comme au commerce, ne saurait jamais faire défaut.

Cette, qui n'occupe encore que le versant Est de sa montagne :
le *Sigionoros* des Grecs, le *Mont Sétius* des Romains ; Cette a, en
effet, derrière elle, l'Étang de Thau, cet étang dont la périphérie
se développe sur plus de 100 kilomètres, qui comprend une superficie de plusieurs milliers d'hectares et qui présente des profondeurs d'eau de 8, 10 et, même, 12 mètres, et on ne saurait admettre raisonnablement que, pendant plus longtemps, il lui restât
fermé, qu'elle ne se l'annexât pas, enfin!

Les travaux à faire ici n'ont rien d'exceptionnel, rien qui soit au-
dessus de la science ordinaire de nos ingénieurs : ils ne sauraient
rappeler que de loin, dans tous les cas, ceux qu'on a dû entreprendre à Marseille et au Havre pour donner à ces deux grands
ports les bassins qui leur manquaient! On ne saurait donc invo-
quer pour les différer qu'une question de dépense.

Eh bien ! j'ose l'affirmer, alors même qu'on serait dans l'obligation de dépenser beaucoup d'argent pour donner à Cette l'extension que la nature a de tout temps indiquée, il faudrait encore
dépenser cet argent sans compter, sa position, à défaut de l'importance actuelle de son commerce, étant de celles qui, d'avance,
justifient tous les efforts, ainsi que tous les sacrifices.

III

On ne comprend pas, la situation topographique de Cette
étant donnée, comment il se fait que le mouvement de son port
ne soit pas égal à celui des premiers ports français et, même,
étrangers.

C'est par trois et quatre millions de tonnes que ce mouvement
devrait s'accuser et non pas par deux millions de tonnes
seulement !

Je ne saurais ignorer que Cette, dont la fondation remonte à
peine à deux cents ans, n'existe guère, comme port de commerce,

que depuis 1830, époque où a commencé, en réalité, la grande évolution économique qui a fait de la France, au point de vue agricole, tout au moins, la plus riche des Nations européennes.

Je ne saurais oublier, non plus, que Marseille, devinant dans son port un concurrent possible, a dû se ménager, dès lors, des appuis assez puissants pour lui permettre d'absorber, ou à peu près, sur la Méditerranée, toutes les faveurs gouvernementales : spacieux Bassins maritimes; Chemins de fer, avec des tarifs spéciaux; Services postaux, etc., faveurs qui devaient lui amener des services privés, comme celui des Docks, par exemple, non moins utiles à sa fortune.

Mais, depuis, Cette a-t-elle progressé comme c"e l'aurait dû ? Son développement a-t-il été en rapport avec l'énorme accroissement de la richesse publique dans les contrées qui l'avoisinent, et que son port pouvait, seul, utilement desservir ?

Non, certainement !

L'imprévoyance, répéterai-je, y a été générale...

Et n'allez pas croire que je l'exagère, cette imprévoyance — cet égoïsme naïf, murmure à mon oreille un de mes amis qui lit par-dessus mes épaules ce que j'écris.

Écoutez plutôt :

Après 1830, lorsqu'il fut question du chemin de fer de Cette à Montpellier — de Montpellier à Cette, comme on disait alors — l'éminent ingénieur qui devait le construire, M. Brunton, demanda au commerce de Cette de participer, dans une certaine mesure, aux dépenses des premières études, et le commerce de Cette, déjà riche cependant, lui refusa tout subside avec un ensemble qui aurait suffi, si l'on avait eu à faire à ur homme moins convaincu, pour l'éloigner à tout jamais de Cette !

M. Brunton trouva, cependant, parmi les Cettois, un adhérent — un seul ! — mais celui-là sut ce qu'il en coûtait d'agir autrement que tous les autres. On levait les épaules, lorsqu'il entrait au « Cercle », et, si l'on consentait à lui parler, c'était uniquement parce qu'on attribuait son acte à une faiblesse d'esprit, après tout explicable : il avait été Saint-Simonien !

Plus tard, il fut question de construire un nouvel Hôpital, l'ancien, par son exiguïté, ne répondant plus aux besoins de la population.

Des hommes, étrangers au Conseil Municipal, cela va sans dire, proposaient de le placer au Nord de la Ville, le plus loin possible, sauf à l'y rattacher par un boulevard, à ouvrir à la suite de l'Esplanade.

Il voulaient plus : on devait le mettre, d'après eux, en alignement sur la rue du Jeu-de-Mail prolongée, de manière à laisser, au-devant de sa façade, un terre-plein distinct de ce boulevard.

Mais ils comptaient, ces hommes, sans le Conseil Municipal.

Le Conseil Municipal donc, qui avait déjà décidé qu'on le mettrait sur la rue de Montmorency, en regard du côté Nord de l'Esplanade ; le Conseil Municipal considéra qu'il leur faisait une concession sans précédents, en adoptant son emplacement actuel !

Il aurait dû voter en même temps, tout au moins, le prolongement du boulevard de la Charité jusqu'aux Glacières qui, alors ! appartenaient à la Ville.

Plus tard, encore, quand l'État se décida, quoiqu'un peu tard, puisque l'insuffisance de l'ancien port était depuis longtemps déjà constatée, à creuser le Bassin de la jetée 4 et 5, et à ouvrir le Canal maritime qui devait le relier à la Darse de la Peyrade, il y eut des Cettois qui n'applaudirent à ces travaux que parce qu'ils devaient apporter quelques millions dans la Ville.

Le plus grand nombre en contesta l'absolue nécessité !

Dans tous les cas, tous se seraient refusés à croire qu'un jour viendrait où Bassin et Canal se prolongeraient, pour ainsi dire, jusqu'aux Eaux-Blanches.

A quoi bon évoquer ces souvenirs? Est-ce que j'oublierais, moi aussi, que les yeux de l'homme sont faits pour qu'il regarde droit devant lui ?

Les Cettois se laissaient vivre, trouvant tout naturel de s'enrichir par le fait seul que la vigne travaillait à leur grand profit !

Mais, aujourd'hui, Cette n'a plus d'enfants indifférents.

Ils veulent, tous, que son avenir soit prospère, sans égal, et si, parmi eux, il en est, par hasard, qui la desservent, c'est involontairement, — parce qu'il ne savent pas !...

IV

Je reprends mes cartes géographiques.

La carte de la Méditerranée ne me fournit aucun enseignement en dehors de ceux qu'elle m'a déjà donnés.

La mer n'est pas plus à Marseille qu'à Cette; elle est à tout le monde !

Il importe fort peu, on en conviendra, au navire qui charge, par exemple, dans l'un des ports de la Mer Noire d'avoir Cette ou Marseille pour destination.

Pour lui, le trajet est, à peu de chose près, le même.

Le fret de retour le préoccupe seul.

Ce fret lui est-il assuré à Marseille? c'est pour Marseille qu'il chargera de préférence. Si c'est à Cette, au contraire, qu'il doit le trouver, Cette sera le port sur lequel il demandera à se diriger.

Eh bien ! on peut hardiment affirmer que les chargements de retour seront plus faciles à trouver à Cette, lorsqu'on le voudra sérieusement, qu'à Marseille.

Marseille a pour elle, en dehors de la prépondérance qu'elle doit à son antiquité et, aussi, aux privilèges dont elle a été dans tous les temps comblée, d'une part, une activité industrielle qui suffirait, seule, pour alimenter tout autre port, et, d'autre part, une vie commerciale véritablement prodigieuse, comme d'autres ports, Londres peut-être excepté, n'en présentent pas de pareilles.

Elle joint, de plus, à ces causes multiples de prospérité, une telle accumulation de richesses qu'il lui serait possible, pour peu que son intérêt s'y prêtât, d'imposer ses cours.

Mais, de son côté, Cette a sa situation, situation qui compense, et au delà, tous les avantages qui ont fait Marseille, de telle sorte que, si elle ne saurait raisonnablement lui disputer la primauté, elle peut prétendre à une vie propre.

Ses relations avec Marseille doivent toujours être ce qu'elles sont; elles doivent même devenir, avec le temps, de plus en plus étroites; mais, enfin, elle a le droit de ne plus être considérée seulement comme son satellite.

Voilà, du reste, que dès aujourd'hui, contrairement aux affirmations dédaigneuses d'hier, les Marseillais les plus jaloux de leur ville reconnaissent que Cette est mieux placée que celle-ci pour l'importation des marchandises lourdes : minerais. soufre, bitume, etc., et que la manutention de ces marchandises s'y fait à bien meilleur marché.

Ils pourraient tout aussi bien s'avouer que c'est sur Cette que se dirigent, par grandes quantités, les vins, les raisins secs, les douelles, etc.; et les céréales, les laines, etc., et que ces produits y trouvent un écoulement aussi rémunérateur qu'à Marseille; mais, patience! ce n'est jamais du jour au lendemain que le fait s'impose, — qu'il n'est pas contesté, du moins.

Je reconnais, toutefois, que Marseille sera pendant longtemps, à l'exclusion pour ainsi dire de Cette, le marché par excellence des marchandises de prix, et, comme conséquence, que le moment où Cette pourra les livrer directement au Sud-Ouest et au Centre est éloigné encore.

Seulement, si, pour les importations, notre port n'a, par rapport à Marseille, qu'une importance secondaire, est-ce que, en revanche, il n'offre pas à l'exportation un aliment aussi nombreux que varié?

Les vins se présentent en première ligne ; puis, viennent les produits de toute cette partie de la France située à l'Ouest du Rhône, et dont le trafic lui appartient exclusivement ; enfin, on trouve les houilles du Gard, de l'Hérault et de l'Aveyron ; les sels des Salines de notre littoral ; les matériaux de construction : chaux hydrauliques, ciments, pierres de taille, etc.

Oh ! les marchandises de retour, surtout les marchandises lourdes, qui constituent le plus sûrement le fond d'une cargaison, ne font pas défaut à Cette, et il serait difficile à Marseille, je le crois, de les réunir en aussi grandes masses et à aussi bas prix.

Il manque à Cette, on doit le constater, des huileries, des savonneries, des papeteries, des peausseries, que sais-je? c'est-à-dire les industries qui laissent Marseille sans rivales ; seulement, et comme je l'ai dit, Cette est une ville neuve dont la fortune se fait, et il faut savoir attendre que le temps lui ait assuré les éléments de vitalité qu'il apporte toujours avec lui.

Cette heure sonnera ; elle sonnera plutôt que les Cettois, eux-mêmes, ne le croient, l'argent, qui cherche toujours un emploi lucratif, commençant, et avec raison, à affluer vers leur Ville !

Tenez! ce n'est pas sans motifs qu'un écrivain dont la haute intelligence comme l'incontestable compétence ne sauraient être mises en doute, M. Lenthéric, a pu dire :

« Cette, comme Marseille, est le point de passage de la majeure partie du transit entre l'Orient et l'Europe centrale. »

V

La carte de l'État-Major établit, ai-je dit, que Cette a, avec l'intérieur, des moyens de communication rapides et économiques que Marseille ne possède pas, qu'elle est en droit, même, de lui envier.

Si on consulte attentivement cette carte, on voit, en effet, que des chemins de fer ouvrent à Cette toutes les directions, avec des différences de parcours en sa faveur dès à présent incontestables, et qu'elle se trouve être le point de jonction des deux grandes lignes de navigation qui réunissent, d'un côté, la Manche et, de l'autre, l'Océan à la Méditerranée.

Mais on y voit aussi, malheureusement, que ses voies de navigation, tout en étant continues, exigeraient une nouvelle appropriation, et que ses chemins de fer demanderaient a être complétés par l'adjonction d'embranchements restés, depuis trop longtemps déjà, à l'état de *desiderata*.

Je m'explique.

Cette est tête de ligne pour le Paris-Lyon-Méditerranée et, en outre, pour le Midi; mais, les deux puissantes Compagnies n'y accèdent encore, chacune, que par un côté, alors que, l'une et l'autre, devraient y arriver par l'embranchement, encore aujourd'hui en construction, qui se détache à Montbazin-Gigean de la ligne de Montpellier à Paulhan.

Il y a mieux : depuis plusieurs années, le Midi et le Paris-Lyon-Méditerranée auraient dû livrer à l'exploitation : le Midi l'embranchement de Mazamet-Bédarieux, par Saint-Pons, qui doit assurer enfin, par la voie la plus directe possible, le trafic entre Cette et le Centre-Ouest; Paris-Lyon-Méditerranée, non seulement l'embranchement de Montpellier à Nîmes, par Sommières, mais encore le double embranchement de Ganges et de Quissac, venant aboutir, par une voie unique, à la gare de la Paille, à Montpellier et, de là, par Montpellier-Paulhan, un peu au-dessous de Montbazin-Gigean, ce double embranchement devant ouvrir définitivement à Cette, par Ganges, les Cévennes et, par Quissac, les bassins houillers du Gard, ainsi, d'ailleurs, que le Centre et le Nord-Est.

2

L'embranchement de Quissac raccourcîrait de près de 100 kilomètres le parcours de Cette à Paris!

Je sais bien que, de tout temps, les embranchements que je réclame ainsi pour Cette lui ont été promis, et que quelques-uns d'entre eux sont même en construction; mais touchons-nous au moment où ils seront mis en exploitation ? Hélas ! tous n'ont pas été déclarés encore d'utilité publique, et, sur ceux où des chantiers ont été ouverts, les travaux vont si lentement, ils avancent avec de tels retards, qu'on peut se demander, non sans motifs, si l'on en verra jamais la fin !

Du reste, dans l'Hérault, cette question des chemins de fer n'a jamais été bien comprise par les Conseils locaux, le Conseil général en tête.

Qui ne se rappelle la concession de deux cents kilomètres de chemins de fer d'intérêt local faite à une Compagnie d'une solvabilité plus que douteuse, et qui ne l'avait demandée, d'ailleurs, que dans le but, à peine dissimulé, d'amener le Paris-Lyon-Méditerranée à composition?

Qui ne se rappelle, encore, le procès fait à la compagnie Jorez, concessionnaire du premier réseau départemental, procès qui a abouti à ces résultats-ci : mettre à la charge des contribuables des frais et des dommages-intérêts considérables; retarder indéfiniment la construction des deux lignes d'Agde à Mèze, et de Montpellier à Clermont, par Gignac et Aniane ?

Qui ne se rappelle, enfin, le dédain superbe qui, au sein du Conseil général, a toujours accueilli les demandes de Chemins de fer sur route? Et, cependant, ces chemins de fer auraient relié des Chefs-lieux de canton importants aux grandes lignes ferrées en exploitation ou en projet, tout en diminuant, dans une large mesure, la dépense d'entretien des routes tant départementales que nationales!

Oh ! les fautes commises à propos de nos chemins de fer ont été aussi multiples que coûteuses!

Toutefois, elles ne sont pas irréparables.

Beaucoup de temps a été perdu — et le temps c'est de l'argent! — mais, enfin, qu'on tire de ces fautes l'enseignement qu'elles ont apporté avec elles, et bientôt, j'en ai la conviction, tous les embranchements qui restent à construire, ainsi que les chemins de fer sur route dont l'utilité aura été démontrée, seront en pleine activité, apportant à Cette et, par suite, à tous les départements desservis par son port, l'Hérault compris, un surcroît de prospérité, de richesses!...

VI

Que dirai-je, qui n'ait été déjà dit, de la voie de navigation intérieure qui rattache, par Cette, Bordeaux au Havre, et qui établit, entre ces trois grands ports, la plus étroite des solidarités ?

Rien n'a été changé à son état antérieur, alors que nous avons eu sur nos canaux, en 1872-73, le très remarquable rapport de l'honorable M. Krantz ?

La Seine est toujours difficilement navigable; le Canal de Bourgogne a, encore, les proportions réduites qu'on lui a de tout temps connues; la Saône et le Rhône continuent, comme par le passé, à charrier, celle-ci son limon, celui-là ses graviers et ses sables; les Canaux de Beaucaire et de la Radelle n'ont pas cessé d'appartenir à une Compagnie qui y perçoit des tarifs dont l'exagération ne se discute pas; le Canal des Étangs, quoique ayant été l'objet, en 1873, d'un premier approfondissement, se trouve aujourd'hui, comme hier, fermé à la batellerie, grâce aux énormes droits de navigation perçus sur ces deux derniers canaux; le Canal du Midi et le canal Latéral à la Garonne restent, plus que jamais, la chose lige des Chemins de fer du Midi; enfin, la Gironde, elle-même, attend impatiemment qu'on la canalise comme l'Escaut, de manière à ce que Bordeaux puisse être comparée, sans trop d'infériorité, à Anvers !

Je ne saurais ignorer que le gouvernement se préoccupe de toutes les questions de travaux publics et que, s'il le pouvait, il donnerait à toutes une solution immédiate.

Ainsi, pour cette grande voie de navigation de la Manche à la Méditerranée et à l'Océan, il a demandé au Parlement, et il en a obtenu, des lois et, même, des crédits devant faire espérer que le moment n'est plus éloigné, maintenant, où elle sera enfin accessible, dans toutes ses parties, à des chargements-types.

La Seine, pour laquelle un crédit de 200 millions a été déjà ouvert; la Seine est l'objet de premiers travaux qui, continués, y assureront la navigation, et en amont, et en aval de Paris.

Le Rhône, dont le débit, toujours torrentiel, est si variable, donne lieu, pour sa part, à des travaux d'endiguement pour ainsi dire permanents.

Le Canal de Beaucaire, enfin, a motivé le vote de deux lois, l'une, expropriant la Compagnie propriétaire; l'autre, nommant la commission qui doit fixer l'indemnité qui lui revient légitimement.

Mais est-ce assez?

Le Canal de Beaucaire, d'un côté; le Canal du Midi et le Canal latéral de la Garonne, de l'autre, peuvent-ils rester indéfiniment dans leur état actuel?

La réfection du premier de ces canaux s'impose; elle devient de jour en jour plus pressante. Les deux autres devraient, depuis longtemps, avoir fait retour à l'Etat, la Compagnie des Chemins de fer du Midi, qui les tient à ferme, ne s'étant attachée, jusqu'à présent, qu'à en détourner le trafic au profit de ses lignes.

Dans tous les cas, les travaux déjà entrepris, menés d'ailleurs avec trop de lenteur, ne répondent pas absolument au but que s'était proposé le législateur.

Le Rhône, notamment, devrait être canalisé.

Et, quand je dis canalisé, j'entends qu'il ne devrait recevoir que des eaux paisibles, lui arrivant à un étiage voulu, déterminé à l'avance.

L'entreprise n'est pas aussi impossible qu'on peut le croire; on peut affirmer même, non seulement qu'elle n'est pas impossible, mais encore qu'elle serait des plus lucratives.

Toutefois, Cette n'a à se préoccuper, pour le moment, que des canaux qui la relient au Rhône.

Qu'on rachète, enfin, les Canaux de Beaucaire et de la Radelle;

Que ces deux Canaux et le Canal des Étangs, qui les complète, soient redressés, approfondis et, en outre, sur quelques points, élargis, de telle sorte qu'ils se trouvent réellement ouverts à la batellerie du Rhône transformée;

Que, sur l'une de leurs berges, on établisse un moyen de traction à la fois économique et rapide ;

Mais que tout cela se fasse sans retard, dans le plus court délai possible,

Et elle se trouvera relativement satisfaite.

Ah ! si Marseille, au lieu d'avoir à trouver, pour son canal du Rhône, 80 ou 100 millions, n'avait besoin que des 8 ou 10 millions que pourra coûter, au maximum, l'appropriation entière du Canal de Cette à Beaucaire, il y a longtemps déjà que l'État les lui aurait donnés !

VII

Si, maintenant, j'interroge la carte hydrographique de la Méditerranée, du Golfe de Fos à Port-Vendres, j'y vois une côte basse, sablonneuse, ne présentant, sur un développement de plus de 280 kilomètres, que trois points sur lesquels le regard puisse se reposer: la montagne de Cette, le mont d'Agde et la colline de Leucate.

Cette plage n'est, à proprement parler, qu'un cordon séparant la mer du littoral ; car, derrière elle, on trouve, occupant une surperficie plus ou moins grande, avec des profondeurs d'eau très variables, une suite d'étangs, parmi lesquels l'Étang de Thau mérite seul de fixer l'attention.

Du reste, c'est le seul qui soit réellement navigable.

On compte, sur ces 280 kilomètres de plage, un certain nombre de ports : Antibes, Aiguesmortes, Agde, La Nouvelle, Collioure, etc ; mais il n'en existe qu'un : le port de Cette, qui soit digne de ce nom.

Est-ce à dire que, de tout temps, on n'a pas cherché à y en créer d'autres ? Le croire ce serait méconnaître cette tendance de l'esprit humain qui nous porte à placer notre intérêt au-dessus de celui des autres, et, cela, au risque même de mettre l'intérêt public en souffrance !

Après 1830, M. Michel Chevalier proposait très sérieusement de construire à Leucate, de toutes pièces, un grand port de commerce, qui, placé entre Marseille et Barcelone, aurait disputé, plus utilement que Cette, et que Marseille, par conséquent, au port Espagnol, le transit de tous nos départements Pyrénéens.

D'après l'éminent économiste, le nouveau port aurait eu, sur celui de Cette, en outre de cet avantage, celui de ne pas être sujet à des ensablements continus.

En outre, à l'entendre, sa construction ne devait entraîner qu'une dépense des plus réduites.

Quarante ans plus tard, les Narbonnais reprenaient la même idée, en proposant, tout naturellement, de construire le nouveau port, non plus à Leucate, mais à Gruissan, — atterrissement situé à 65 kilomètres de Cette seulement : 40 kilomètres, tout au plus, pour le navire suivant sa route ; c'est-à-dire, la ligne droite.

M. Thomé de Gamont — et je me hâte d'ajouter qu'ils ne pouvaient faire un choix plus judicieux ; — M. Thomé de Gamont **fut chargé d'en dresser l'avant-projet.**

Ses plans, très complets, comprenaient un avant-port de 50 hectares, défendu par deux jetées, l'une, de 1.450 mètres de longueur ; l'autre, de 800 mètres ; d'un chenal de 13.760 mètres de longueur sur une largeur, à la ligne d'eau, de 60 mètres, et un bassin de 20 hectares, avant-port, chenal et bassin devant avoir une profondeur d'eau de 10 mètres.

L'avant-port aurait été défendu, à l'Est et au Sud, par une digue et un estram, protégés eux-mêmes par un canal d'écoulement.

Le bassin se serait relié à l'avant-port par une voie ferrée de halage de 20 kilomètres, desservant jusqu'à 4.000 mètres de quais.

Quant à la dépense, elle était calculée devoir s'élever à 30 millions pour les travaux publics, et à 15 millions pour les travaux dont la Compagnie concessionnaire se réservait l'exploitation ; soit, ensemble, 45 millions.

Ici, tous les pouvoirs locaux : Conseil municipal, Conseil général et Chambre de Commerce se trouvaient d'accord pour vouloir la réalisation de cette grandiose entreprise ; ils se déclaraient, tous , disposés à y concourir sans marchander, dans la mesure des ressources dont ils pouvaient disposer, aussi bien dans l'avenir que dans le présent.

Il est vrai qu'ils comprenaient, eux, que, par la création de ce port, ils assuraient à l'Aude le débouché, sur la Méditerranée, du Canal des Deux-Mers, dès lors projeté !

Mais les Narbonnais, pas plus que M. Michel Chevalier, ne furent écoutés par le pouvoir central.

Sous la République, encore moins que sous Louis-Philippe, le gouvernement ne pouvait raisonnablement engager une dépense de 45 millions, si ce n'est plus, pour la construction d'un port qui, par sa situation même, à proximité de Cette, était d'avance condamné.

Et, en admettant que le nouveau port eût pu avoir une

clientèle propre, quels avantages, compensant un pareil sacrifice, en serait-il résulté pour l'intérêt général?

Un port n'est pas appelé seulement à répondre aux besoins d'un groupe de population plus ou moins dense; il est surtout destiné à être en contact permanent avec le cœur du pays et, en outre, avec le Monde entier!

On va voir, du reste, que, s'il suffit de dépenser des millions, et encore des millions, pour construire un port, le port construit n'est pas toujours viable.

VIII

L'Empire n'a eu guère qu'à laisser faire l'initiative privée pour voir se constituer, dans sa partie essentielle, l'outillage économique de la France.

On peut affirmer même que si, parmi les grands travaux entrepris, il en est qui n'ont pas répondu à l'attente genérale, ou, encore, qui n'aient constitué qu'une dépense absolument inutile, c'est parce qu'il a pesé sur leurs promoteurs du double poids de son autorité et des millions qu'il y affectait.

Le port Saint-Louis, construit à l'une des embouchures du Rhône, est l'un des exemples de ce que son intervention eût quelquefois de funeste.

L'intérêt public aurait voulu qu'abandonnant momentanément les embouchures du Rhône à elles-mêmes, l'Etat, après avoir assuré la navigation sur tout le cours de ce fleuve, en amont d'Arles, entreprît hardiment la réfection des canaux de Beaucaire à Cette et la construction du canal d'Arles à Marseille, en améliorant la partie utilisable du canal de Bouc, ces grandes entreprises devant lui donner, enfin, sur la Méditerranée, deux points d'arrivée et de départ, l'un, à l'Est; l'autre, à l'Ouest, tous deux stables, tous deux vivants.

La question d'accès direct à la mer serait venue plus tard, alors qu'endigué, alimenté par des affluents dont le régime aurait été définitivement établi, le Rhône se serait trouvé avoir un tirant d'eau constant, permettant à la batellerie une navigation régulière, sans entraves d'aucune sorte.

On trouva plus simple de créer, à grands frais, un port à son embouchure! .....

Le port Saint-Louis n'est, en réalité, qu'un canal de 3,300 m. de longueur, ayant une largeur de 30 mètres au plafond et de 63 mètres au niveau des basses mers, avec un tirant d'eau minimun de 6 mètres.

Il prend naissance dans le Rhône, à 600 mètres en aval de la tour Saint-Louis, se dirigeant en ligne droite de l'Ouest à l'Est, et il débouche à la mer dans un avant-port que forment deux jetées, l'une, de 1,790 mètres, l'autre, de 500 mètres seulement.

Les deux jetées qui n'atteignent, aujourd'hui, que les profondeurs d'eau de 6 mètres pourraient être prolongées, au besoin, jusqu'à celles de 8 mètres, comme il serait facile, le cas échéant, à la seule condition de réduire à 22 mètres la largeur du plafond du canal, de donner à celui-ci cette même profondeur de 8 mètres.

A l'entrée du canal, pour faciliter l'entrée et la sortie des navires, il a été établi un bassin d'une superficie de 12 hectares.

Enfin, la pente du fleuve, entre la tour Saint-Louis et la mer, a été rachetée par une écluse de 184 mètres 50 de longueur totale, correspondant à plus de 170 mètres de longueur utile.

Le port Saint-Louis, déclaré d'utilité publique le 9 mai 1863, a pu être livré à la navigation en septembre 1871, après avoir exigé une dépense qui ne saurait être calculée actuellement, à la suite des travaux complémentaires qui y ont été entrepris, au-dessous de 20 millions.

Ce port est bien la résultante d'une grande expérience mise au service d'une non moins grande volonté.

On n'aurait su ni mieux le concevoir, ni mieux l'exécuter.

Mais il ne représente, en définitive, qu'une œuvre mort-née.

Il est ouvert au commerce depuis bientôt dix ans, et ses eaux, comme ses quais, restent absolument déserts.

Aucune construction ne s'élève sur les emplacements que ses créateurs y avaient ménagés avec une entente parfaite des besoins normaux de toute agglomération importante de population !

Et comment en serait-il autrement ?

Le Rhône, au-dessus de son canal, n'est pas navigable ; le golfe de Fos s'exhausse tous les jours par les apports incessants du fleuve ; enfin, la zone des marécages l'enserrant y développe des maladies pernicieuses, des fièvres qui, en admettant que le commerce eût trouvé un avantage quelconque à l'adopter, l'auraient transformé en une immense nécropole !

Ainsi, c'est vainement qu'à l'Est et à l'Ouest de Cette on a cherché à créer un autre port de commerce.

Notre ville reste, sur la Méditerranée, l'un des deux intermédiaires obligés du transit occidental de l'Europe, et je ne crois pas trop m'avancer en disant que, par sa position géographique et hydrographique seule, elle pourrait hardiment prétendre à la suprématie sur l'autre, — sur Marseille !

IX

Il faut remonter à 1830, c'est-à-dire à la révolution de février, si l'on veut se rendre compte de la prodigieuse évolution économique qui, en France, que dis-je ? dans le Monde entier, a substitué, à une misère à peu près intense, un bien-être jusqu'à un certain point général.

En 1830, l'Europe était à peine remise de la rude secousse des guerres de la République et de l'Empire, et la France, en particulier, malgré son indomptable vitalité, ne faisait que se relever des pertes que ses victoires mêmes lui avaient coûtées — victoires suivies, hélas! de deux invasions!

Mais, à partir de cette date, on assiste à un spectacle étonnant, véritablement sans exemple dans le passé.

L'agriculture fait des progrès incessants; l'industrie met en œuvre des procédés qui étonnent, et la vapeur, soit qu'elle agisse sur place, soit qu'elle franchisse la distance, vient en aide à toutes les deux, leur imposant sa dévorante activité!

Mais je n'ai pas à suivre ce merveilleux développement dans ses phases successives : il suffit que je lui emprunte quelques chiffres.

Ces chiffres, les voici :

Avant 1830, le mouvement maritime de Cette variait entre 2,500 et 3,000 navires, jaugeant moins de 200,000 tonneaux; en 1880, ce mouvement s'est élevé à 6,883 navires ayant une jauge de 1,881,800 tonneaux.

Ils ne sauraient être plus concluants.

Cependant, de 1830 à nos jours, le port de Cette a-t-il été agrandi de manière à répondre à un pareil accroissement de fortune? En d'autres termes, son outillage a-t-il été mis en rapport avec les besoins d'une navigation allant, d'année en année, en augmentant?

Les quelques rares travaux qu'on y a exécutés, toujours insuffisants, n'ont jamais été entrepris que sous la pression de la nécessité, et sans prévision, d'ailleurs, de l'extension que l'avenir lui réservait.

Est-ce là, toutefois, une simple assertion — une de ces affirmations que le fait vient contredire?

Voyons ce qu'était Cette en 1666, au moment où Riquet la choisissait avec tant de raison pour le débouquement, dans la Méditerranée, du Canal du Midi, et ce qu'ont été les accroissements dont son port a été successivement l'objet.

Cette, en 1666, n'existait pas.

C'était, alors, une montagne de 180 mètres de hauteur, isolée au milieu d'une masse d'eau salée et reliée seulement à la terre ferme par la langue de sable connue sous le nom de plage d'Agde, et encore cette plage se trouvait-elle coupée par un grau, actuellement désigné sous le nom de la Saline qui l'avoisine : le Grau de la Quinzième.

Au pied Est de cette montagne s'ouvrait un autre grau, le grau qui permettait plus particulièrement aux navires, dont le tonnage à cette époque était des plus réduits, de pénétrer dans l'Étang de Thau et d'aller trafiquer avec Frontignan, Mèze et Marseillan.

Il suffisait donc de canaliser ce dernier grau et de le couvrir des vents du large pour en faire un port à la fois bien assis et absolument sûr.

Riquet le comprit, et, d'accord avec Colbert et avec les États du Languedoc, il en dressa le plan.

Le 29 juillet 1666, la première pierre en fut posée.

Le plan arrêté comprenait deux jetées, l'une, le Môle, enracinée à la montagne, devant se développer, sur une longueur de 600 mètres, de l'Ouest à l'Est; l'autre, la Jetée de Frontignan, partant de la plage et courant du Nord au Sud.

Plus tard, le Môle devait être complété par une batterie circulaire rentrante : le Fort Saint-Louis, destinée à y assurer davantage la tranquillité des eaux.

Cette disposition donnait au nouveau port une passe unique, fort large ; mais elle présentait le grave inconvénient de le laisser trop ouvert aux vents dominants de l'Est et du Sud-Est, ainsi qu'aux vagues venant de cette double direction.

On crut obvier à ce double inconvénient en prolongeant la Jetée de Frontignan; mais on ne fit que rendre plus sensibles les ensablements auxquels cette jetée avait donné naissance.

Entre temps, on canalisait le grau, en prolongeant assez avant dans la petite section de l'Étang de Thau ses deux berges; on établissait les Jetées 4 et 5, destinées à amortir les vagues qui, du large, venaient se briser dans le port; enfin, on achevait le Canal de Beaucaire, le Canal de la Radelle et le Canal des Étangs, se faisant suite l'un à l'autre, sur une longueur de 100 kilomètres, et, du Rhône, venant aboutir, d'une part, dans l'Étang de Thau et, de l'autre, dans la Darse de la Peyrade, qui, elle-même, débouche dans le canal du Grau ou, plutôt, de la Bordigue.

Les choses restèrent dans cet état jusqu'en 1819.

A cette époque, la stabilité du port laissant toujours beaucoup à désirer et son ensablement se continuant, on commença, en avant du fort Saint-Louis, la construction d'un Brise-lames, ouvrage curviligne laissant, à l'Ouest, une passe de 300 m. et, à l'Est, une seconde passe de 250 m.

En même temps, on consolidait la Jetée de Frontignan et l'on portait, par un curage continu, la profondeur de la rade à 7 m. et celle de l'avant-port à 6 m.

Notre port, dès lors, est-il, enfin, terminé? Non! Son insuffisance est officiellement constatée par la loi du 9 août 1839 qui lui allouait un crédit de 9 millions pour l'établissement d'un nouveau Bassin, d'un Canal maritime destiné à mettre ce bassin en communication avec la Darse, bassin et canal à ouvrir au Nord de la Jetée 4 et 5, et par les décrets du 24 août 1859 et 11 avril 1868 qui consacraient un nouveau crédit de 4,850,000 fr. au prolongement du Canal maritime jusqu'à la gare du Chemin de fer du Midi, et à l'établissement d'un Canal latéral à cette gare, canal devant aller déboucher dans le Canal de la Bordigue.

Désormais, dans la pensée du gouvernement, du moins, le port de Cette est fait: on ne saurait plus y ajouter ni un seul bassin, ni un seul canal !

X

Oui, pour le gouvernement, à la suite de ces divers travaux, le Port de Cette était entièrement terminé, et, si ses ingénieurs prévoyaient qu'il faudait, peut-être, le compléter plus tard, par le prolongement, à l'Est, sur 2 ou 300 mètres, du Canal latéral à la gare du Midi, et par la construction d'un Bassin affecté exclusivement au service maritime du Paris-Lyon-Méditerranée, c'étaient là des projets très hypothétiques, dont ils n'auraient pas même, de longtemps, à se préoccuper.

Il est certain qu'avec sa Rade, son Avant-port, ses Bassins et ses nombreux Canaux, dont la superficie totale atteint presque 100 hectares, notre port présente un ensemble absolument achevé et que beaucoup de grands ports pourraient lui envier,

Si on le regarde du haut de Saint-Clair, c'est-à-dire en se plaçant sur un point assez élevé pour que le regard puisse en suivre toutes les lignes, les plus petites comme les plus grandes, il rappelle Venise, cette reine de l'Adriatique.

Mais que la réalité est loin de répondre au spectacle véritablement grandiose que l'œil, de cette hauteur, a pu saisir, embrasser !

Sa Rade n'est guère accessible qu'aux navires de 6 m. 50 de tirant d'eau, et, encore, est-ce à la condition qu'on la draguera d'une manière permanente ; son Avant-port n'a qu'une profondeur, et elle n'est pas générale, de 6 m.; enfin, ses Bassins et ses Canaux n'ont été creusés, à la cuvette, qu'à 4, 5 et 5 m. 50 au plus, de telle sorte que la moitié au moins des 100 hectares de sa superficie n'est pas utilisée.

Ses Quais larges, bien alignés, pavés avec un soin jaloux, se développent sur une longueur de 8,275 m., si ce n'est plus ; mais ils ne sont réellement accostables que sur le tiers de cette longueur.

Et, puis où est son Outillage économique, outillage aussi indispensable à un véritable port de commerce que de spacieux bassins, de profonds canaux et de larges quais ?

Le Port de Cette n'a, encore, ni Chantier de constructions

maritimes, ni Bassins de radoub, ni Appareils de mâtage, ni Grues de chargement, etc.

Les quais qui touchent aux Gares des marchandises de ses deux Chemins de fer sont seuls munis de rails !

Enfin, il n'a pas de Docks assez puissamment organisés pour rendre possible la mobilisation de la valeur des marchandises qui doivent attendre un acquéreur.

Cependant, le mouvement de notre port ayant atteint, en 1875, près de 1 million de tonneaux — chiffre aujourd'hui doublé— les ingénieurs de l'État ne considérèrent plus tous ces grands travaux comme un *summum* au delà duquel rien ne pouvait plus raisonnablement être fait.

Aussi, et c'est une justice que je me plais à leur rendre, aussi, se mettant à l'œuvre avec un zèle des plus louables, cherchèrent-ils les meilleurs moyens de lui assurer les agrandissements dont, chaque jour, démontrait davantage l'urgence.

Ils proposèrent ,tout d'abord, le Bassin annexe de la gare de Paris-Lyon-Méditerranée, — le Bassin Francqueville, — qui doit s'appuyer à l'Ouest, sur la Jetée de Frontignan, et suivre la plage des Bains de mer sur une longueur donnée.

Ensuite, comprenant que ce bassin ne pouvait suffire seul aux besoins constatés, et à ceux qu'il fallait après tout prévoir; que, d'ailleurs, il pouvait constituer, entrepris isolément, un danger pour les navires entrant par la Passe Est, ils en subordonnèrent l'exécution à celle d'un plan général, comprenant, en outre :

La construction d'un Épi de 600 mètres de longueur, partant, de l'extrémité Nord du Brise-lames et se dirigeant de l'Ouest à l'Est, et d'un autre épi, celui-ci n'ayant que 150 m. de longueur, établi à l'autre extrémité du même Brise-lames et devant s'infléchir toujours vers l'Est;

L'élargissement de la Passe Est, au moyen d'un rescindement de la Jetée de Frontignan ;

L'approfondissement à 7 et, même, à 8 mètres, en la dégageant des rochers qui pouvaient s'y trouver, de toute la partie de la Rade comprise entre le Brise-lames et le Fort Saint-Louis;

La reconstruction des anciens Quais, de tous ceux, du moins, qui ne sont pas abordables, de manière à leur donner une profondeur d'eau permettant aux navires d'accoster;

La réfection des Ponts, dont la largeur ne correspond plus aux grandes proportions des voiliers et, surtout, des vapeurs actuellement employés par le commerce;

L'approfondissement de la Darse, approfondissement prévu, cependant, par la loi du 9 août 1839;

La construction de deux nouveaux Ponts-tournants, l'un, sur cette Darse, appelé à mettre l'Avenue de la Gare en communication directe avec la partie de la Ville commandée par le Canal maritime et le Nouveau Bassin; l'autre, sur le Canal de la Bordigue, en aval du Pont du Chemin de fer du Midi, et qui permettrait d'atteindre la Gare de ce chemin sans passer par le pont, d'ailleurs unique, qui la relie à la Ville;

Enfin, le recreusement du Canal de la Bordigue et son prolongement, dans l'Étang de Thau, jusqu'à un point à déterminer, de telle sorte que les navires, même les navires d'un fort tonnage, pussent enfin accéder dans cet étang, en passant par le Canal latéral;

Ce serait sur ce prolongement du Canal de la Bordigue que seraient établis des Bassins de radoub.

Or, à l'heure actuelle, après toutefois une trop longue attente, des crédits ont été ouverts qui permettent d'entreprendre, sinon tous ces travaux, du moins ceux d'entre eux qui ne sauraient être, sans dommages, pendant plus longtemps différés.

Mais est-ce à dire que, malgré leur importance relative, ces travaux soient, dans leur ensemble, suffisants?

Qu'il n'en est pas d'autres, également indispensables, dont il faille assurer la prompte exécution?

De ce qu'ils n'ont pas été prévus par les ingénieurs de l'État, il ne s'ensuit pas qu'ils soient moins nécessaires que ceux qui, sur leur initiative, ont été, enfin et heureusement, votés?

XI

Les travaux, tant intérieurs qu'extérieurs, projetés à Cette, ont, il faut le reconnaître, une importance exceptionnelle : une fois achevés, ils lui auront apporté toutes les améliorations dont un port, construit au jour le jour, sous la seule pression des nécessités du moment, peut être raisonnablement l'objet.

Le port de Cette aura une passe plus sûre, les profondeurs d'eau que réclame désormais la marine marchande, les bassins indispensables à l'énorme trafic du Midi et du Paris-Lyon-Méditerranée et, enfin, des quais généralement accostables.

Ce n'est pas tout.

Les lois de 1879 sur les travaux publics — lois-programme — lui, assurent, dans un avenir prochain, d'abord, la réfection entière et la libre circulation du Canal du Rhône, et, ensuite, la jonction, à travers l'Étang de Thau, de ce même canal et du Canal du Midi, dont elles admettent, en principe, le rachat.

Mais, on l'a vu : le Port de Cette n'est pas un port ordinaire, répondant à des besoins ordinaires.

Il est indispensable, au même titre que Marseille, au grand courant commercial existant entre l'Orient et l'Occident, et il faut de toute nécessité, par conséquent, que son outillage soit mis en rapport avec le mouvement — la vie — qu'un pareil courant apporte là où il s'établit.

Cette n'a plus, réellement, du temps à perdre.

Tandis que les nouveaux travaux projetés à son port s'exécuteront — et ils lui sont indispensables! — les regards doivent se tourner vers l'Étang de Thau qui forme, derrière elle, un port naturel, grandiose, incomparable, dans lequel la flotte commerciale du Monde entier pourrait se mouvoir, et, encore, dans le cas d'une guerre maritime, trouver un abri des plus sûrs.

On a compris que cet admirable Étang ne pouvait rester plus longtemps fermé à la grande navigation, et, en conséquence, on a proposé de prolonger, en l'approfondissant, le Canal de la Bordigue, qui y débouche, sauf à relier à ses deux extrémités le Canal de raccordement du Canal du Rhône et du Canal du Midi.

Eh bien! je dis, que, même avec les Formes de radoub devant, affirme-t-on, le compléter, un pareil projet est absolument en opposition avec les véritables intérêts de Cette ; qu'il perdrait d'une manière irréparable son avenir ; qu'il gâterait, comme à plaisir, l'œuvre de la nature !

C'est assez qu'on ait laissé s'établir la Gare du Midi à 500 mètres seulement de la Darse de la Peyrade, alors qu'on aurait dû n'en permettre la construction qu'à 1,200 ou 1,500 mètres, dans les Eaux-Blanches! .....

Voyons Cette dans l'avenir.

Disons-nous qu'elle sera un jour, incessamment, une grande cité commerciale, rivalisant, concurremment avec Marseille, contre Gênes, Livourne, Brindisi, Trieste ; ayant, comme Marseille, un grand marché européen, et nous n'hésiterons pas à demander son extension — extension naturelle, d'ailleurs — sur l'Étang de Thau, sur cet étang qui, je ne saurais trop le répéter, est déjà un port tout délimité, sans similaire, et que les Anglais, les Belges et les Hollandais, reconnaissons-le à notre honte, auraient depuis longtemps aménagé, utilisé!.....

Les travaux à entreprendre, considérables en apparence, sont peu importants, en réalité ; dans tous les cas, ils sont de ceux qui s'exécutent, aujourd'hui, sans grands sacrifices et dans un laps de temps relativement court.

Ils devraient comprendre :

Un Canal maritime coupant la plage d'Agde au pied Ouest de

la montagne de Cette, et qu'on couvrirait par une rade formée
de deux Jetées s'enracinant, l'une, sur la pointe Est du Lazaret ;
l'autre, sur la plage d'Agde même.

L'entrée de cette rade devrait être au Sud-Est.

Une Levée joignant l'extrémité Ouest de ce canal à l'embouchure, du côté Sud, du Canal du Midi.

Au point où la levée rencontrerait le Grau de la Quinzième, il
conviendrait de rétablir la communication que ce Grau ménageait
entre la mer et l'Étang de Thau, de manière à créer un appel pour
les sables du Rhône.

Un deuxième Canal maritime, à quais curvilignes, coupant
la Plaine Saint-Joseph, et dont le quai Sud continuerait le quai Est
du premier jusqu'à l'extrémité Ouest du Canal de la Bordigue,
tandis que son quai Nord couvrirait, dans une certaine mesure,
et ce dernier canal et le Canal maritime d'ascension.

Ce serait sur ce quai Nord que devraient être créés le Chantier
Maritime, les Cales de radoub et, en outre, une Bordigue.

Enfin, d'un dernier Canal maritime qui, prolongeant le nouveau
Canal maritime du port actuel, couperait la gare du Chemin de
fer du Midi, et qui, arrivé dans les Eaux-Blanches, s'inflêrirait
vers l'Étang de Thau pour se relier là, d'un côté, à l'extrémité
Est du Canal de la Bordigue ; de l'autre, au Canal du Rhône, à
son débouché dans le même Étang.

A l'extrémité Est de ce canal maritime viendrait aboutir,
directement, le Canal du Rhône, rectifié entre Frontignan et
Cette.

Ces travaux mettraient en communication les deux Rades du
port, l'ancienne et la nouvelle, et, de plus, ils créeraient deux vastes
Bassins, l'un, dans la grande ; l'autre, dans la petite section de
l'Étang de Thau, bassins qui, quoique parfaitement couverts, n'en
déboucheraient pas moins sur la mer et sur les eaux de l'Étang.

Nécessairement, il serait posé sur l'une des berges du Canal du
Rhône ; sur la levée reliant Cette au Canal du Midi, et sur les

quais des nouveaux Canaux maritimes, une Voie ferrée permettant la traction, au moyen de la vapeur, des barques et des navires.

Cette voie se rattacherait, non moins nécessairement, aux voies du Chemin de fer du Midi, et, encore, après avoir desservi la rade du Lazaret, elle irait aboutir, par un tunnel et la Carrière du Souras, au quai inférieur du Vieux Bassin du port actuel.

Ici, simple, là, double, cette voie recevrait des grues et des wagons, de telle sorte que le chargement et le déchargement des navires pût s'effectuer, pour ainsi dire, automatiquement.

Mais, dira-t-on, il s'agit de créer de toutes pièces un nouveau port à côté de l'ancien.

Une pareille déduction ne saurait être exacte.

Il s'agit tout simplement de compléter, comme l'exige le rôle que Cette est appelée à jouer dans le Monde commercial, un port existant, et qui, jusqu'à ce jour, n'a été que trop méconnu.

Toute la question peut donc se ramener à ce terme : la dépense à faire encore au port de Cette est-elle ou n'est-elle pas au-dessus de la puissance de l'État et de la puissance de l'initiative privée réunies ?

Vouloir ce serait encore, et certainement, pouvoir.

On ne doit pas oublier, en effet, que le Havre et Saint-Nazaire, en France; Anvers, en Belgique; Rotterdam et Amsterdam, en Hollande; Liverpool et Glasgow, en Angleterre, et je ne les cite pas tous, sont des ports improvisés, qu'on n'a pu établir qu'en surmontant les plus grandes difficultés, et qu'à Cette, par contre, on n'aurait qu'à suivre les indications de la nature, qui y a créé, sur une grande superficie, un fond solide et parfaitement abrité de 8, 10 et 12 mètres de profondeur !

XII

Les grands travaux publics, s'ils se font d'ailleurs aux abords d'une ville, amènent forcément, à leur suite, des travaux munici-

paux : ouverture d'avenues, de rues ; création de promenades ;
construction de groupes scolaires, etc., dont l'importance est, le
plus souvent, considérable.

Le projet qui donnerait, enfin, à Cette son port naturel étant,
dans son ensemble, un projet en dehors des données généralement acceptées, des données ordinaires, sa réalisation imposerait
donc à notre municipalité des travaux exceptionnels, exigeant
des ressources également exceptionnelles.

Le nouveau port ajouterait à l'ancien, d'abord, une surface
d'eau de 140 à 150 hectares, ayant une profondeur générale de
8 mètres ; ensuite, 17 à 18,000 mètres de quais, tous abordables ;
enfin, 1,000 hectares environ de terrains, sur lesquels 400
seulement immédiatement utilisables, tandis que les 600
autres, longeant la plage d'Agde, entre la Levée et le Canal
de Circonvallation des Salines, ne sauraient être affectés, pendant longtemps encore, qu'à la culture ou bien qu'au pacage
des moutons de l'Algérie.

Or, voyons quels seraient les travaux municipaux qui devraient
être entrepris sur ces 400 hectares.

Dans les Eaux-Blanches, donnant, à elles seules, 150 hectares,
on n'aurait guère qu'à pourvoir à l'éclairage des Quais.

Et, en effet, dans cette partie du Nouveau Port qui se trouverait bordée par les quais du Canal du Rhône, à partir du Pont de
la Peyrade jusqu'à son débouché dans le Canal maritime prolongé ; par les quais de ce même Canal maritime, et par celui de
l'Étang de Thau, entre le Canal de la Bordigue et l'extrémité du
Canal des Etangs ; dans, cette partie du Nouveau Port, dis-je,
s'établiraient et la voie du Chemin de fer de Monbazin-Gigean,
avec ses dépendances, et les industries auxquelles il faut,
comme aux Hauts-fourneaux, par exemple, de grands espaces.

Les 50 hectares du quai Nord du canal Saint-Joseph ont, dès à
présent, une destination : ils devraient faire place à un Chantier

de Constructions maritimes, à des Formes de radoub et à une Nouvelle Bordigue.

Là encore, par conséquent, on n'aurait qu'à assurer l'éclairage.

Quant aux 200 hectares du Quai Sud de ce canal, ils feraient l'objet d'un ensemble de travaux aussi complet que possible, ensemble ne livrant rien à l'imprévu.

Il ne faudrait pas laisser faire, laisser aller !

Les droits des propriétaires de terrains sont, certes, respectables ; mais, comme hier, comme aujourd'hui encore, on ne saurait leur sacrifier les droits de la Ville — les droits de toute une population.

Ces 200 hectares occuperaient, d'une part, tout le terrain qui serait compris entre ce même Quai Sud, et le Chemin de fer du Midi, depuis le Quai Bosc jusqu'aux Salines, et, d'autre part, le terrain qui se trouverait circonscrit par le Canal d'ascension du Nouveau Port et le versant Ouest de la Montagne, au-dessous du chemin vicinal n°.1, des Salines jusqu'à la pointe du Lazaret.

Il faudrait donc y ouvrir, d'abord, un Boulevard de 20 mètres de largeur, longeant le Chemin de fer, et qui, après l'avoir franchi un peu au-dessus du retranchement de la plage d'Agde, irait aboutir sur le Quai, en regard de l'entrée de la Rade de ce port.

On établirait sur ce boulevard un Tramway qui, partant du Quai Bosc, se souderait au Chemin de fer en tunnel, reliant cette rade à notre Vieux Bassin.

Entre le nouveau boulevard et le quai le commandant, mais perpendiculairement, il conviendrait de ménager un certain nombre de Rues et une Esplanade.

Les rues devraient avoir 14 mètres de largeur : 10 mètres de voie, 4 mètres de trottoirs.

L'esplanade occuperait le milieu ; elle serait rectangulaire, et on y accèderait par une Avenue qui, partant du Quai, se conti-

nuerait, au delà, au moyen d'un Pont jeté sur le Chemin de fer
du Midi, jusqu'au chemin vicinal n° 1, lui-même élargi, enfin.

A sa droite et à sa gauche, on construirait les Groupes Scolaires.

Toutes les voies ainsi ouvertes devraient avoir leur égoût, leur
conduite d'eau et leur conduite de gaz; il serait nécessaire même
que, comme l'Esplanade, les avenues fussent plantées, les arbres,
qui viennent très rapidement et qui vivent très bien cependant à
Cette, étant la chose qui lui manque le plus!

On aurait presque une ville entière à créer, je ne saurais l'ignorer; toutefois, il ne faut ni s'exagérer les difficultés à surmonter,
ni les dépenses à engager.

Les déclivités naturelles du terrain, peu accentuées, y rendraient facile l'établissement, dans les conditions les plus norma-
les, de tous les services de voirie, et, d'un autre côté, les matériaux de construction se trouvent, pour ainsi dire, à pied
d'œuvre; nul autre emplacement ne saurait donc permettre, avec
de pareilles facilités et à aussi bon marché, la création d'un quartier comparable à celui, dont à grands traits, je viens d'indiquer
les lignes principales.

Les obstacles, s'il pouvait en surgir, viendraient de cet esprit
d'exclusivisme qui entraîne tout propriétaire à regarder d'un œil
jaloux et, même, à condamner comme impossible l'entreprise
qu'il croît être une menace pour sa maison ou pour son champ!

Le bon sens public fait heureusement justice de pareils errements.

Ensuite, le temps accomplit son œuvre, et il arrive, enfin, un
moment où, l'entreprise achevée, ce sont ceux qui s'y sont mon-
trés les plus opposés qui en profitent le plus.

XIII

Les grands travaux publics et municipaux que j'indique comme
étant le complément indispensable de Cette, ces grands travaux

ne soulèvent-ils, toutefois, aucune objection, soit technique, soit économique, soit financière?

J'ai l'habitude, lorsqu'une question se pose, de l'examiner sur toutes ses faces, de me rendre compte des motifs qui doivent en hâter ou en retarder la solution, ne comprenant pas qu'elle puisse être tranchée par un acte d'autorité; — je veux dire de bon plaisir.

On ne déserte, du reste, une discussion que lorsqu'on n'a à opposer à son discoureur que des arguments sans valeur, que lorsqu'on sait, d'avance, qu'on ne saurait avoir raison.

Mais quelles peuvent être les objections ou, plutôt, les critiques auxquelles donnerait lieu l'extension du port de Cette, telle que je la propose?

Les critiques sérieuses, celles dont il convient de se préoccu‐per, se résument en quelques mots:

Le projet ne tient pas compte des difficultés d'exécution que les travaux qu'il suppose entraîneraient; dans tous les cas, il n'est guère qu'indicatif;

Son opportunité est contestable, l'ancien port, une fois sa réfection achevée, devant suffire pendant longtemps encore aux besoins du commerce;

Enfin, avec quelles ressources ferait-on face aux dépenses, à la fois publiques et municipales, qu'il exigerait ?

On comprend que je ne m'arrête pas aux oppositions de l'intérêt privé, toujours aveugles, naturellement: la fortune n'est pas tenue d'attendre — de faire antichambre, — et tant pis pour cet intérêt s'il ne sait pas la suivre.

Mais examinons, une à une, chacune de ces critiques.

XIV

Le projet du nouveau Port ne prévoit, dit-on, aucune des difficultés de son exécution.

On oublie de dire quelles sont ces difficultés.

Qu'on monte sur la plate-forme de Saint-Clair et que, de là, on suive, du Pont de la Peyrade à la Plage d'Agde, la ligne idéale que j'ai tracée, et on restera convaincu que cette ligne ne saurait être différente, — qu'elle est absolument indiquée par la nature.

D'un autre côté, on reste toujours, pour les travaux qui doivent emprunter la terre-ferme, à un niveau qui n'est jamais de 1 ou de 2 mètres au-dessus des basses eaux, tandis que le sol à attaquer n'est formé que de sable, excepté dans la plaine Saint-Joseph, où l'on rencontre, à une certaine profondeur, un calcaire propre à la construction.

Le tunnel du Chemin de fer, entre le Lazaret et la Carrière du Souras devrait, sans doute, attaquer la roche ; mais, ici encore, ce qui paraît être une difficulté constituerait, au contraire, une économie, puisque la roche extraite servirait aux jetées.

On pourvoit, aujourd'hui, aux enrochements des épis du Brise-lames par des extractions de pierres en sous-sol ; c'est-à-dire que, pour avoir les roches que demande l'établissement de ces épis, on a dû ouvrir un véritable tunnel qui, une fois ceux-ci achevés, restera sans emploi.

Mais ce ne sont là que les objections techniques secondaires ; la principale, sinon l'unique, à laquelle le projet ait donné lieu, et j'avoue qu'elle mérite le plus sérieux examen, porte sur l'ouverture même de la nouvelle Passe.

La Rade à ouvrir ne doit pas être exposée, comme notre rade actuelle, à de continuels ensablements.

Il faut que, sans des dragages permaments, elle présente toujours une profondeur d'eau de 9 et de 10 mètres.

Eh bien ! j'ose affirmer que, si sa grande Jetée s'enracine à l'extrémité Est de la pointe du Lazaret, en se dirigeant, sur une longueur de 1,500 mètres, vers le Sud-Ouest, comme elle continuera la Montagne, les sables suivront sa déclivité pour aller se perdre sur la plage d'Agde, ainsi qu'ils le font actuellement.

Je ne veux pour preuve de mon affirmation que le phénomène qui se produit à la Conque du Lazaret.

Là, depuis ma plus tendre enfance, je n'ai jamais vu se produire le moindre ensablement ; les lieux y sont, aujourd'hui, ce qu'ils étaient il y a 40 et même 50 ans.

Le projet prévoit, d'ailleurs, la réouverture du Grau de la Quinzième, de telle sorte que, si les sables arrivaient, dans leur marche, à l'extrémité de la Jetée, et avaient une tendance à s'y arrêter, ils se trouveraient entraînés par l'appel de ce grau, qu'on a eu le grand tort de laisser se fermer.

Dira-t-on que le Canal d'ascension constituerait un appel autrement puissant ; en fait, plus immédiat ? C'est possible. Seulement, pourquoi n'y établirait-on pas une écluse qui, par les vents du Sud-Est, les seuls qui pourraient amener des sables sur la Passe, rétablirait les lieux dans leur état actuel, et qui, par le vent du Nord, lorsque les eaux de l'Étang vont à la mer, constituerait une véritable chasse ?

En résumé, et sous la réserve d'études ultérieures confirmant toutes mes prévisions, je ne vois aucun empêchement qui puisse faire obstacle à l'extension du Port de Cette dans l'Étang de Thau, avec une rade annexe à l'Ouest de la Montagne.

XV

Que puis-je répondre à la deuxième objection — à cette objection qui tendrait à trouver suffisants, pour le moment, et, en outre, pour un certain nombre d'années, les travaux de réfection votés pour notre port, et qui sont, même, en cours d'exécution ?

Je crois avoir démontré, déjà, que les travaux d'extension que j'ai indiqués, complément naturel de ces premiers, s'imposaient,

les uns, à l'État; les autres, à la Municipalité, et qu'ils ne sauraient,par suite, être indéfiniment différés.

Il faudrait cinq ans, au moins, pour leur entier achèvement,
à partir du jour où leur entreprise aurait été décidée: or, qui
peut dire qu'à l'expiration de ce long délai, le commerce et la
population de Cette n'auront pas pris un développement tel qu'il
deviendrait nécessaire d'y en ajouter d'autres?

L'histoire de notre port est un peu celle des chemins de fer.

A l'origine, on doutait que les chemins de fer fussent bons
même à transporter les voyageurs; ensuite, et chaque jour, on
s'est demandé s'ils n'avaient pas atteint le maximum de leur
activité; aujourd'hui, enfin, les hommes réellement sérieux, les
esprits qui réfléchissent, sont convaincus qu'ils ne rendent pas
encore la moitié des services que le pays est en droit d'en attendre!

Ne nous payons pas de mots.

Dans tous les temps, les travaux exécutés au Port de Cette
se sont trouvés, une fois terminés, au-dessous des nécessités du
moment et, à plus forte raison, au-dessous des nécessités qui
devaient, le lendemain, se produire.

Ces travaux, conçus en vue d'exigences pressantes, tangibles,
ne l'ont jamais été en prévision de l'avenir que la position seule
de ce port lui promettait et que chaque jour, d'ailleurs, lui
assurait!

Cependant, si l'on admet que l'extension du Port de Cette sur
l'Étang de Thau peut être différée pendant un certain nombre
d'années, je demande:

D'abord, où l'on trouvera les emplacements indispensables
aux industries que, forcément, il appelle;

Et ensuite, sur lequel de ces quais pourra s'établir l'outillage
économique désormais indispensable à tout véritable port de
commerce?

Il n'y a pas, à Cette, actuellement, un seul emplacement pouvant être relié par voie ferrée à ses Chemins de fer, pourvu d'eau en abondance et assez vaste pour qu'une grande industrie puisse s'y établir, s'y développer.

Le fait, certes, ne saurait être contesté, puisque la première distillerie de grains, créée dans l'Hérault, a dû être construite à Agde de préférence à Cette, et, cela, quoique le maïs, sa matière première, doive lui arriver nécessairement par notre port!

Quant à l'outillage économique dont, aujourd'hui, plus que jamais, Cette reconnaît la pressante utilité, on ne saurait songer raisonnablement à le placer sur aucun de ses quais.

Ils se prêtent peu, par leur disposition, à l'établissement de voies ferrées allant aboutir soit au Midi, soit au Paris-Lyon-Méditerranée, et, d'ailleurs, ne sont-ils pas tous occupés d'une manière permanente, pour ainsi dire?

Dans tous les cas, où mettrait-on le Chantier de constructions maritimes, les Bassins de radoud, etc? Où trouverait-on la place de Docks?

Donc, et à tous les optimistes qui trouvent que le port de Cette, tel qu'il est, tel qu'il sera, si l'on veut, alors que les travaux qu'on y exécute seront achevés, suffit à tous les besoins, aussi bien aux besoins présents qu'aux besoins à venir; à ces optimistes, je réponds que les pouvoirs publics sont réellement tenus de le compléter par son extension dans l'Étang de Thau sans compter avec les millions qu'il pourra exiger encore, sans réfléchir même, tout retard ne pouvant qu'être préjudiciable aux nombreux intérêts qui convergent vers lui, et qui sont en droit d'exiger qu'il les serve avec la plus grande économie possible.

Néanmoins, je dois constater, non sans un certain déplaisir, que si Marseille avait derrière elle, comme Cette, ce merveilleux port intérieur, qui s'appelle l'Étang de Thau, depuis longtemps déjà, elle se le serait annexé, couvrant ses eaux de navires, et les nombreux quais dont elle les aurait entourées d'une quantité innombrable de wagons, chargeant ou déchargeant des marchandises en non moindre quantité!

XVI

J'arrive à la troisième et dernière objection.

Avec quelles ressources, demande-t-on, ferait-t-on face à tous les travaux qui transformeraient, enfin, le Port de Cette en port similaire des plus grands ports de commerce aujourd'hui existants?

Il a été prévu, pour la réfection et le complément de notre port actuel, une dépense qui ne saurait être évaluée au-dessous de 25 millions, le bassin Francqueville compris;

Le rachat du Canal de Beaucaire, dès à présent voté, coûtera de 8 à 10 millions;

L'appropriation de ce Canal et celle du Canal des Étangs, qui devront suivre ce rachat, si l'on veut avoir du Rhône à Cette une ligne de navigation intérieure véritablement digne de ce nom, n'exigera pas moins de 5 à 7 millions;

Le Chemin de fer de Quissac et Ganges à Cette, déclaré d'utilité publique, demandera de 25 à 30 millions, la dépense de l'embranchement de Monbazin-Gigean déduite;

Enfin, on ne saurait évaluer à moins de 30 à 35 millions les travaux du Nouveau port, en y comprenant, d'ailleurs, l'outillage et les appropriations locales qu'il comporte;

C'est-à-dire que, pour un seul port, on est en présence d'une dépense totale de 100 millions, en chiffres ronds.

J'avoue que la somme est énorme.

Mais faut-il s'en effrayer?

D'abord, sur ces 100 millions, il n'y aurait à engager, en réalité, qu'une dépense, non prévue, de 30 à 35 millions, et, encore, doit-on tenir compte que les trava auxquels elle s'appliquerait rendraient inutile la jonction, votée en principe, du Canal du Rhône au Canal du Midi;

Ensuite, la ville de Cette aurait à sa charge tous les travaux de viabilité, et, surtout, ceux de la dérivation de l'Hérault;

Ensuite, encore, les terrains conquis viendraient, dans une certaine mesure, en déduction des dépenses faites;

Enfin, les divers services organisés donneraient un revenu annuel, couvrant l'intérêt et l'amortissement des sommes définitivement en débet, à moins qu'on ne veuille, ce qui serait une véritable hérésie sociale, que l'État et les Villes aient pour mission de servir gratuitement des intérêts privés.

L'État a décidé qu'il exécuterait, avec son seul personnel et ses propres ressources, des travaux publics ne devant pas coûter moins de 10 à 12 milliards, et qu'il les exécuterait dans un délai de 10 années, au maximum.

Les Villes, pour leurs travaux particuliers, ont pris, à l'exemple de l'État, une décision semblable.

Seulement, qui ne comprend que ce n'est pas avec une simple affirmation que travaux de Villes et travaux d'État s'entreprennent, qu'ils s'achèvent?

Il faut que celui-ci, comme celles-là, empruntent, et, si l'on sait à quel taux on emprunte aujourd'hui, on ne sait pas, par contre, à quel taux on empruntera demain.

Je suis de ceux qui ont une foi inébranlable dans la fortune de la France; mais, enfin, je ne puis me dissimuler que le 3 p. 100 amortissable, créé par l'État, précisément pour répondre aux besoins des travaux publics, en est arrivé, dès l'émission du deuxième milliard, à avoir besoin pour sa libération de l'intervention de la Banque de France, et que les ressources des Villes, même leurs ressources extraordinaires, se trouvent engagés, de leur côté, pour de longues années.

Néanmoins, je veux admettre qu'il sera toujours possible à l'État et aux Villes d'emprunter, d'emprunter à un taux réduit ; mais, dans ce cas encore, pourquoi, Villes et État, se priveraient-ils du concours du Capital d'entreprises, concours qui ne saurait s'évaluer, en matériel et fond de roulement, au-dessous de 7 à 800 millions ?

Ce capital est tout prêt ; il est, de plus, au service d'hommes aussi expérimentés qu'habiles ; on commet donc une faute en le mettant à l'écart, et la faute est d'autant plus grande qu'on s'expose à ce qu'il se transporte à l'étranger.

Je ne vois pas, du reste, les avantages que l'exécution directe peut procurer, soit à l'État, soit aux Villes.

Il est établi, par de nombreux exemples, que l'État travaille plus cher et moins rapidement que l'industrie privée, et que les Villes, lorsqu'elles se mêlent de vouloir faire par elles-mêmes, arrivent à des résultats désastreux, comme l'entreprise de la Bordigue, à Cette, ne l'a, malheureusement, que trop prouvé !

Où en seraient nos chemins de fer, je le demande, si l'État avait voulu les entreprendre seul, — sans s'associer à de grandes Compagnies, faisant, elles-mêmes, des appels de fonds à l'Épargne ?

Ils ont coûté, jusqu'à présent, à peu près 12 milliards, et, sur cette somme, il n'a eu à avancer que 2 milliards ; c'est-à-dire une somme à peu près insignifiante, par rapport aux services directs qu'ils lui rendent et aux économies qu'ils lui assurent !

Quel que soit donc le point de vue auquel on se place, financier ou économique, ce n'est jamais sans un dommage réel que les Villes et l'État se chargent de l'exécution de leurs travaux, et ce dommage suit certainement une progression géométrique, si, à la construction, vient se joindre l'exploitation !

XVII

Mais, demandera-t-on, comment l'association de l'initiative privée avec l'État ou avec une Ville, selon le cas, pourra-t-elle se produire d'une manière pratique, — de manière à ce que l'intérêt de la Ville ou de l'État ne soit pas sacrifié, en partie, tout au moins, aux intérêts multiples et, il faut le reconnaître, souvent exigeants de cette initiative ?

Admettons ces deux vérités économiques, qu'une expérience de tous les jours n'a fait, du reste, que confirmer, à savoir :

Une collectivité — État ou Ville — n'est pas tenue de rendre des services gratuits ;

La fortune d'un pays augmente, lorsque l'individu associe son action à celle des Pouvoirs publics ; elle diminue, dans le cas contraire !

Eh bien, dès lors, rien ne me paraît plus aisé que de concilier les intérêts, publics et privés, qui, à un moment donné, se trouveraient appelés à concourir à une entreprise donnée.

Je prends pour exemple les travaux qui, à mon avis, une fois achevés, assureraient au Port de Cette une place prépondérante, — la place qui lui appartient, en fait, — dans le commerce de la France, et je dis :

Ces travaux peuvent être classés en deux catégories bien distinctes : les travaux d'utilité générale ; les travaux d'utilité particulière.

La première de ces catégories comprendrait, nécessairement, les travaux qui, à aucun titre, ne sauraient être directement productifs, tels que : la Rade, le Canal d'ascension, la Levée de Cette au Canal du Midi, le Canal Saint-Joseph et le Canal de Cette au Rhône.

La seconde constituerait, par contre, tout un domaine à exploiter : Chantier de constructions maritimes, Bassin de radoub, Voies de manutention, Chemin de fer de traction, etc., et, surtout, Terrains d'une valeur indéterminée, mais devant aller, chaque jour, en augmentant.

Si, donc, on suppose un plan définitif, déterminant, en même temps que les dépenses à faire, les recettes des divers services pouvant être mis à la libre disposition du commerce et la valeur des terrains qui seraient à vendre, pourquoi des traités n'interviendraient-ils pas entre l'État et une Compagnie financière; entre l'État et la ville de Cette, et, enfin, entre la ville de Cette et la même Compagnie financière traitant avec l'État, dans le triple but d'assurer la prompte exécution de tous les travaux publics et municipaux à entreprendre; de percevoir les taxes qui seraient dues, d'après un tarif des plus modérés, si l'on veut, pour les divers services privés rendus par l'outillage économique créé; enfin, de vendre ou d'utiliser les terrains conquis sur la mer et sur l'Étang de Thau?

Le traité entre l'État et la Compagnie financière stipulerait que celle-ci s'obligerait à établir tout cet outillage, à la charge, pour l'État, qui fixerait les redevances auxquelles seraient assujettis les services qu'il rendrait, de garantir une annuité comprenant l'intérêt et l'amortissement des sommes dépensées, et qu'elle aurait avancées;

Celui entre l'État et la ville de Cette consentirait la cession à celle-ci, moyennant une somme déterminée, de tous les terrain conquis, comme je viens de le dire, sur l'Étang et la mer;

Enfin, le dernier, entre la ville de Cette et la Compagnie financière, rétrocéderait à cette dernière lesdits terrains, à la charge, pour celle-ci, d'abord, de les payer à l'État et, ensuite, d'acquitter tous les travaux d'appropriation qu'ils pourraient exiger, restant entendu, d'ailleurs, que les travaux susceptibles de rendement, comme la Conduite d'eau de l'Hérault, par exemple, feraient l'objet d'une garantie d'intérêt, pouvant être couverte en partie, sinon en totalité, par leur produit net.

Rien n'empêcherait, on le comprend, que le traité entre l'État et la Compagnie financière ne comprît les travaux improductifs, à la condition, bien entendu, que la Compagnie fît, sur les devis arrêtés, un rabais dont le quantum reste à fixer.

Je ne sais, en réalité, quelles objections fondées au pareil mode de procéder — un semblable *modus vivendi* — pourrait soulever.

La Compagnie financière y gagnerait certainement ; mais l'État et la ville de Cette, je l'affirme hautement, n'y perdraient rien !

Où seraient dans ces traités, je le demande, les clauses onéreuses pour celle-ci et pour celui-là ?

La ville de Cette achète de l'État, moyennant une certaine somme, une quantité plus ou moins grande de mètres de terrains, et, immédiatement, elle cède son marché à une Conpagnie qui, non seulement en paye le prix, mais qui, en outre, prend l'engagement de le rendre viable ; c'est-à-dire, d'y ménager une promenade et d'y percer un boulevard, une avenue et des rues, avec trottoirs et égouts ; or, quelle dépense réelle lui resterait-il à faire ? La canalisation du gaz incomberait à l'entreprise qui a, aujourd'hui, l'obligation de l'éclairer ; quant à la canalisation de l'eau, elle entrerait dans la dépense de la dérivation de l'Hérault pour laquelle elle s'obligerait, il est vrai, à une garantie d'intérêt ; mais qui, productive par elle-même, au lieu de lui coûter, lui rapporterait !

Quant à l'État, qui bénéficierait déjà du prix des terrains vendus à la ville de Cette, son traité avec la Compagnie lui permettrait de s'exonérer, tout au moins, de la dépense d'établissement de tout l'outillage économique du nouveau port, puisque l'exploitation de cet outillage donnerait un produit à la garantie d'intérêt qu'il aurait consentie.

Je veux bien croire, toutefois, que l'État et la ville de Cette devraient s'imposer certains sacrifices; mais après? est-ce que la ville de Cette ne profiterait pas des avantages multiples qu'amène, à sa suite, toute augmentation de population? est-ce que l'État, de son côté, qui retire annuellement, des douanes seules de Cette, jusqu'à 8 millions, ne verrait pas cette recette s'accroître dans une proportion considérable, ses autres recettes lui donnant, concurremment, d'ailleurs, une plus-value correspondante?

Certes, le commerce devrait acquitter les tarifs fixés pour chacun des services créés; mais, comme l'usage de ces services serait facultatif, qu'il n'en userait que lorsqu'ils lui procureraient un profit quelconque, on ne voit pas pourquoi il se plaindrait.

Dans tous les pays du Monde, une rémunération est due à tout travail, et il serait véritablement étrange que le commerce, à Cette, échappât, sous le prétexte que l'État ou la Ville auraient donné une garantie d'intérêt, à cette loi commune.

Le commerce anglais paye, aux Compagnies privées qui ont établi des services destinés à faciliter l'économique manutention de la marchandise, des taxes, dont quelques-unes très élevées, et cela ne l'empêche pas de prospérer et, encore, de travailler à meilleur marché que le commerce des autres Nations!

En résumé, et pour conclure, il suffirait d'associer, à l'État et à la ville de Cette, une force individuelle quelconque, à la condition de discuter son concours, s'entend, pour que les travaux, tant publics que municipaux, qui doivent rendre l'Étang de Thau accessible aux plus grands navires, c'est-à-dire au commerce, fussent entrepris et exécutés sans délai et avec la plus grande économie.

XVIII

Je termine.

Il y a place sur notre littoral méditerranéen pour deux grands ports de commerce, l'un, Marseille, à l'Est du Rhône; l'autre, Cette, à l'Ouest du même fleuve.

Il ne saurait être question, on le comprend, d'opposer ces ports l'un à l'autre, de les ruiner l'un par l'autre; non! nous ne sommes pas assez riches, malgré notre incontestable fortune, pour gaspiller de gaieté de cœur des forces acquises! il s'agit, tout simplement, ces forces existant, d'en tirer le meilleur parti possible.

Or, qu'avons-nous à faire pour qu'ils nous rendent tous les services que nous sommes en droit d'en attendre ?

Peu de chose; mais ce peu de chose est tout !

Il nous faut seulement compléter leur outillage, de telle sorte qu'ils n'aient plus rien à envier à aucun des autres ports d'Europe.

Donnons à Marseille, et quoique ce grand travail doive coûter 80 millions, si ce n'est plus; donnons-lui son canal du Rhône, et si c'est nécessaire, ajoutons à ses multiples bassins, sans compter encore avec les millions, de nouveaux bassins plus spacieux que les anciens.

Donnons-lui, en outre, si l'on veut, la grande voie ferrée qui la relierait directement à Calais, pour que le trajet entre la Méditerranée et la Manche soit réduit, pour ainsi dire, à quelques heures.

Mais, en même temps, tournons nos regards sur Cette.

Cette peut devenir, et deviendra certainement, l'un de nos premiers ports — un port ayant, dans tous les cas, une vie commerciale et industrielle des plus intenses.

Seulement, on ne doit pas l'abandonner à la Providence!

Donc, demandons incessamment qu'on complète, en les étendant, ses voies de communication rapides ou économiques, afin que la marchandise importée ou exportée n'ait à subir que des frais de transport les plus réduits possibles ;

Réclamons, sans jamais nous lasser, les travaux qui, en lui permettant de s'annexer l'Étang de Thau, lui donneront, en même temps qu'une nouvelle passe et que de nouveaux bassins, des milliers de mètres de quais, en sus des mille mètres qu'elle possède déjà, et, ce dont elle a encore plus besoin, l'espace qui lui manque pour s'étendre et pour assurer des emplacements à l'industrie qui vient à elle, et qu'elle ne sait où installer,

Et, à cette double condition, le rapide développement que lui promet son admirable situation géographique aura atteint bien vite son apogée.

Voilà le devoir! ...

Et disons-nous qu'en l'accomplissant, nous aurons aidé, plus puissamment que la Providence, non seulement à nos fortunes particulières, mais encore à la fortune publique.

Mais, hélas! cantonnés dans un égoïsme aveugle, si nous regardons au delà de notre porte, c'est uniquement pour voir chez les voisins, que nous jalousons — dont le bonheur nous porte ombrage.

De Cette et de son avenir, nous n'avons cure!

Enfin, n'importe!

Le cri de ralliement est jeté!

Que ceux qui la veulent prospère — qui veulent qu'elle soit, sur la Méditerranée, l'émule, sinon l'égale de Marseille, — l'entendent, ce cri, et je croirai m'être montré l'un de ses enfants dévoués, parmi les plus dévoués!

26 août — 28 octobre 1881.

LETTRES DE LA MONTAGNE

I

Cette n'a pas, en ce moment, d'administration municipale
— une administration municipale régulièrement constituée,
veux-je dire; d'un autre côté, plus d'un grand mois la sépare encore
des élections qui mettront fin à cette sorte d'interrègne; or, le
moment ne semble-t-il pas des mieux choisis pour formuler le
programme de ses besoins ... présents et futurs?

Je crois que ce moment est des plus opportuns.

Lorsqu'on se trouve en présence d'une édilité organisée, les
hommes qui la composent se considèrent, de par le suffrage
universel qui les a élus, comme des êtres supérieurs, infaillibles,
et, pontifes d'une nouvelle espèce, ils n'admettent pas qu'ils
puissent faire le mal ... inconsciemment, du reste.

Dès lors, si l'on touche à certaines questions, si l'on ose
formuler la moindre critique, immédiatement ils s'imaginent
que c'est à eux qu'on en veut — que c'est leur personnalité qu'on
attaque!...

Faut-il les blâmer? Faut-il, au contraire, les plaindre?... J'ai
écrit le mot « inconsciemment », et ce mot dit tout: il faut avoir
pour eux les mains pleines d'indulgences!

Comment, du reste, ne rapporteraient-ils pas tout à eux? Ils
sont élus! Capables ou incapables, ils se trouvent investis d'une

autorité pour ainsi dire sans contrôle et sans responsabilité. Donc, au moindre souffle de critique qui se lève, ils doivent croire que c'est la tempête qui souffle, tempête qui les emportera avec leurs ambitions, avouées ou inavouées, sur quelque récif !

Que faire à cela? L'écharpe municipale a cet étrange privilège de faire perdre à des hommes qui, dans la vie ordinaire, sont, au demeurant,

Les meilleurs fils du monde ;

elle a, dis-je, ce privilège de leur faire perdre toutes les notions du possible.

Je me hâte d'ajouter que, parmi eux, ce sont souvent les plus impossibles qui voient le plus vite leurs rêves ambitieux se réaliser!...

Eh bien! en profitant du moment où notre Mairie ne se trouve pas occupée pour dire quels sont nos besoins et comment ils pourraient être remplis, on échappe à tous les heurts de ces colères... municipales, et on écrit un programme qui, peut-être, obligera nos futurs édiles.

J'ai eu donc raison d'affirmer que le moment de parler était venu.

Mais, va-t-on me dire, faire le programme de l'administration municipale de demain, c'est condamner implicitement les administrations municipales d'hier...

C'est aller trop loin.

Cette a été plus ou moins bien administrée; seulement, la faute a tenu aux choses, plutôt qu'aux hommes.

Je m'explique.

Les administrateurs nommés, tous intelligents, je l'admets, voyaient bien grandir la Ville et s'affirmer journellement son importance ; mais ils ne croyaient pas quelle fut jamais appelée à l'avenir vers lequel, aujourd'hui, elle marche à grands pas.

De là, dans leur administration, des hésitations et, même, des défaillances dont, à l'heure actuelle encore, nous portons le poids.

Leur en vouloir de ce manque de prévision, le leur **reprocher,** ce serait se montrer injuste.

A nos administrateurs de demain à ne pas les imiter.

Le programme que je me propose d'esquisser n'aurait-il que ce mérite de dire dans quelle mesure notre future édilité doit tenir compte, rompant avec les tâtonnements de nos anciens administrateurs, de l'avenir réservé à la Ville, que, à ce titre seul, il demanderait encore à être tracé.

Il ne me reste qu'à regretter que d'autres, plus autorisés à parler dans son intérêt, sinon plus dévoués à sa prospérité, n'aient pas cru devoir prendre la plume à ma place ... Ne rien dire ou ne rien faire serait-ce décidément le seul moyen de conquérir la faveur populaire? ...

II

Je suppose les élections municipales faites, et ayant donné ce résultat désirable d'appeler à l'administration de la Ville des hommes intelligents, dévoués et... républicains, cela va sans dire.

Donc, et enfin, Cette a une édilité digne d'elle!

Eh bien! que devront faire ces hommes pour répondre, non pas seulement à la confiance des électeurs, mais à leurs intérêts, à la fois moraux et matériels?

Tout d'abord, ils sont tenus d'établir la situation réelle des finances municipales.

Quels sont les engagements pris? De quelles ressources dispose-t-on pour y faire face?

Cette est riche, malgré sa dette de près de quatre millions ; elle est riche, d'abord, des recettes extraordinaires que lui donne ou que lui donnera la vente des terrains de la Bordigue et des terrains des anciennes Casernes, et, ensuite, de ses recettes ordinaires, qui vont sans cesse en augmentant, et qui ont atteint aujourd'hui, si elles ne l'ont pas dépassée, la somme de un million; mais ce n'est pas une raison pour qu'on dépense sans compter, — sans savoir où l'on va.

Une ville a beau être riche, il ne lui est pas permis de gaspiller même un centime de ses ressources, et cela se conçoit: elle ne saurait dépenser qu'à la condition de demander aux citoyens des contributions, directes ou indirectes, que ceux-ci n'acquittent souvent qu'en s'obligeant aux plus lourds sacrifices! ...

Les nouveaux édiles arrêteront donc, tout d'abord, le chiffre possible des recettes, et, cela fait, ils décideront quel est le meilleur emploi qui pourra en être fait.

Ils se montreront bons administrateurs, si les dépenses qu'ils auront admises, toutes justifiées, laissent, sur les recettes prévues, un reliquat assez élevé pour pourvoir aux dépenses qu'exigent parfois des circonstances exceptionnelles, et, en outre, pour préparer certains dégrèvements d'impôts, — le dégrèvement, par exemple, des décimes sur les droits d'octroi qu'on a dû accepter pour garantir l'emprunt de quatre millions.

Est-ce à dire que les travaux d'édilité qui restent encore à entreprendre doivent être indéfiniment ajournés? Non; il est même tels de ces travaux dont l'exécution, comme je l'établirai, ne saurait être différée. Seulement, et c'est précisément parce qu'il reste, en dehors de la question du dégrèvement des droits d'octroi, beaucoup de travaux à faire, qu'on doit se préoccuper des économies réalisables, — qu'on ne saurait surcharger le budget de dépenses parasites.

Oh! les dépenses parasites! On sait comment elles commencent, mais on ne sait jamais comment elles finissent!

Je reste convaincu que, si nos nouveaux édiles le veulent, ils économiseront aisément, sans qu'aucun des services municipaux en souffre,   moins une centaine de mille francs, dépensés, mal an, bon an, bien inutilement.

Mais il faut qu'ils le veuillent!

Les dépenses seront-elles, toutefois, intelligemment établies, parce que des charges que rien ne saurait justifier en auront été élaguées? Non, certes. Des dépenses ne sont réellement justifiées que lorsqu'il est démontré qu'avec le même argent on n'aurait pu mieux faire!

Eh bien! c'est ici qu'en réalité commencera leur tâche.

Que feront-ils? *Chi lo sa!*

L'apurement des comptes des anciens administrateurs leur aura dit de quelles ressources extraordinaires ils peuvent disposer; la réduction des dépenses obligatoires, au minimum au-dessus duquel elles n'auraient jamais dû s'élever, mettra dans leurs mains, annuellement. d'un autre côté, des ressources ordinaires importantes; on peut donc leur demander beaucoup!...

III

Les villes ont, elles aussi, leur destinée; mais qui n'admettra pas qu'en général il dépend d'elles, de leurs habitants, de faire, dans une certaine mesure, cette destinée prospère?

Lorsqu'on compare ce qu'était Marseille, il y a moins d'un siècle, à ce qu'elle est aujourd'hui, on se demande, rêveur, à quel degré de prospérité ne peuvent pas s'élever les Cités dont les populations savent mettre à profit les forces que la nature, prodigue souvent, a heureusement mises à leur disposition.

Aix, il y a cent ans, primait Marseille; aujourd'hui, Aix n'est plus guère qu'une expression géographique!

Marseille, à cette date, ne rayonnait que sur une sphère des plus restreintes; à l'heure actuelle, elle est en relations avec le Monde entier!

Cependant, Marseille se trouve perdue presque sur un promontoire isolé de notre côte Méditerranéenne, et, pour s'étendre, s'agrandir comme elle l'a fait, il lui a fallu conquérir, en même temps que ses collines arides, une partie de la mer.

Mais, Marseille avait, pour elle, le génie de ses habitants !

Actifs, aventureux, si l'on veut, les Marseillais ont toujours cru à la fortune de leur Cité ! S'ils s'en éloignaient, ce n'était jamais que momentanément, et qu'avec l'arrière-pensée de lui apporter, au retour, de nouveaux éléments de vie, de l'enrichir encore !

Eh bien ! cet exemple de Marseille doit-il être perdu pour Cette ? Ne donne-t-il pas à sa population un enseignement ?

Les Cettois ont trouvé, jusqu'à présent, autour d'eux, tous les éléments d'une prospérité comparativement inouïe. Ils n'ont eu qu'à ouvrir leur porte à la fortune ! Mais demain ressemblera-t-il à hier ? La sécurité d'aujourd'hui ne peut-elle pas s'envoler comme elle est venue ; c'est-à-dire, sans qu'ils y pensent ?

Une ville, d'ailleurs, n'est jamais trop riche !

Comme Marseille donc, Cette doit demander son avenir à l'esprit local, à cet esprit qui fait que chacun rattache sa fortune à la fortune de la Cité ; que tous se croient riches, lorsque sa prospérité, résultat d'efforts communs, se trouve, par cela même, à l'abri de toutes les éventualités...

L'École est appelée, ici, à exercer une action prépondérante.

Cette étant une ville de commerce, l'enseignement, pour y être en rapport avec ses besoins, devrait tendre, exclusivement, pour ainsi dire, à faire des commerçants ; soit, des hommes qui, à un moment donné, qu'ils le voulussent ou non, se trouveraient avoir les mêmes intérêts qu'elle.

Nos diverses administrations municipales n'ont pas songé à créer jusqu'à ce jour, bien à tort, une école de commerce appelée à donner à Cette de pareils hommes !

Une pareille école devrait, cependant, depuis longtemps exister.

Elle serait, pour les écoles de la Ville, ce que sont, par exemple, par rapport aux écoles primaires de Paris, les écoles Turgot, Monge, Lavoisier, etc.

Ses cours, d'une durée de trois années, comprendraient toutes les matières enseignées dans les écoles de commerce du Havre, de Marseille et de Paris.

Chaque promotion se composerait de 100 élèves : 50 payants et 50 pris dans des écoles primaires communales ; mais tous, sans exception, ayant passé un examen d'admission déterminé.

La Ville, généreuse jusqu'à la prodigalité, déciderait que quelques-uns, parmi les premiers élèves, seraient pensionnés par elle, à leur sortie, pendant une ou plusieurs années, pour aller à l'Étranger compléter leur instruction commerciale.

Or, quel bien local un pareil enseignement n'aurait-il pas déjà produit, en admettant qu'il eût été créé il y a, par exemple, dix ans ? A l'heure actuelle plus de 1,000 enfants lui devraient leur position, et Cette les verrait tous à son service, concourant à sa fortune.

Et qu'on le remarque, 500 d'entre eux seraient sortis du peuple !

J'indique une voie ; à nos nouveaux administrateurs — les élus de demain — à la suivre : ils mériteront bien, qu'ils en soient convaincus, de leurs concitoyens !

L'argent qu'ils auront économisé sur les dépenses parasites trouverait là un emploi des plus utiles — des plus productifs

IV

Peccavi! On jette un mot sur le papier ; ce mot amène une phrase ; la phrase écrite, il faut en déduire les conséquences ; bref ! de fil en aiguille, on arrive à ce beau résultat de mettre la charrue avant les bœufs.

C'est ce qui m'est advenu.

J'aurais dû, abordant la question des intérêts locaux, démontrer d'abord, qu'une ville n'avait pas à distinguer, à proprement parler, entre ses divers intérêts, matériels ou moraux, puisque ceux-ci et ceux-là sont solidaires, — qu'ils se tiennent, — et, puis, entrer carrément en matière, en commençant, naturellement, par le commencement ; mais, voilà ! ma plume a fourché !

Du reste, la faute n'est pas, peut-être, aussi grande qu'elle a pu le paraître.

Qu'ai-je dit, en somme ? Faisons des hommes ! Eh bien ! la conclusion, pour avoir précédé la proposition, ne perdra ien de sa force ; au contraire : on ne lit bien en général, que lorsqu'on sait où l'on va, où l'auteur nous conduit !

Je viens d'affirmer que tous les intérêts d'une ville se lient et, conséquemment, qu'on ne saurait distinguer entre eux ; c'est-à-dire, s'occuper des uns et laisser les autres en souffrance.

Cependant, et sans sacrifier ses intérêts matériels à ses intérêts moraux, ces derniers doivent passer encore en première ligne.

Construire une belle cage sans se préoccuper de l'oiseau qui devra l'habiter, ce serait tout simplement faire des ronds dans l'eau, comme le grand flandrin de vicomte dont parle Molière !

Laissez-moi donc parler, tout d'abord de ces intérêts-là.

Quels sont-ils ? Et ne les ai- je pas déjà formulés dans ces mots : Faisons des hommes ?

Pour une ville, comme pour un État, tout est là : élever la population de telle sorte qu'elle ne compte aucun membre inutile ; que chacun des individus qui la composent lui apporte, au contraire, une force, un dévouement !

A Cette, mais depuis quelques années seulement, de grands efforts ont été faits, pour étendre, augmenter l'instruction générale ; mais a-t-on fait assez ?

Il fallait, d'abord, organiser des *Écoles enfantines* en assez grand nombre pour qu'on ne voie plus d'enfants traîner dans les rues.

Ces écoles, qui admettraient indistinctement les enfants des deux sexes jusqu'à l'âge de 7 à 8 ans, devraient être placées sous la direction d'institutrices, les femmes étant plus aptes que les hommes à leur apprendre à lire et à écrire ; soit, à leur donner un premier enseignement, à la suite duquel ils pourraient suivre avec plus de fruit, sans perdre du temps, celui de l'école primaire.

Et qu'on le remarque, ces institutrices feraient l'éducation de l'enfant, en même temps qu'elles commenceraient son instruction, puisque, le prenant dès son plus bas âge, elles pourraient, mieux que la mère, ignorante souvent, aveugle toujours, guider ses instincts, réprimer ses défauts !

Les *Écoles primaires*, qui feraient suite aux écoles enfantines, recevraient, de celles-ci, des élèves déjà aptes à profiter d'un bon enseignement.

Leurs classes ne devraient pas avoir, chacune, plus de 50 enfants, un instituteur, même très dévoué, ne pouvant donner utilement ses soins à un plus grand nombre.

Sans doute, sur ces 50 élèves, tous ne suivraient pas les leçons du maître avec un égal succès ; il y aurait, parmi eux aussi, des premiers et des derniers ; mais, du moins, ils ne se trouveraient plus groupés en capables et incapables, ceux-ci restant abandonnés à eux-mêmes ; ceux-là étant l'objet de toutes les attentions du maître !

Aux écoles primaires, dont l'enseignement se continuerait pendant trois ou quatre années, succéderait, enfin, mais pour les élèves les plus capables, l'*École de commerce*.

J'ai dit quel devait être son fonctionnement, en même temps que je faisais connaître son but !

Cependant, et ces diverses écoles créées, n'y aurait-il plus rien à faire ?

L'instruction des garçons, suivant un cycle complet, pour ainsi dire, ne laisserait que peu de choses à désirer; mais il resterait à assurer aux filles un enseignement supérieur, équivalant à celui que ceux-ci recevraient à l'École de commerce.

Eh bien! pourquoi nos édiles — et ce serait pour eux le moyen d'encourager les *Cours d'enseignement secondaire des filles,* si heureusement créés par les professeurs du Collège; — pourquoi, dis-je, nos édiles ne fonderaient-ils pas des bourses pour ces cours, qui seraient attribuées aux élèves les plus méritantes des écoles primaires de filles?

En ai-je fini avec tout ce qu'il y aurait à dire sur l'enseignement à Cette? Le sujet est inépuisable. Pour être complet, je devrais parler et des *Cours d'adultes,* hommes et femmes, qu'il faudrait fonder sur le modèle de ceux de la *Société Philotechnique,* de Paris, et de nos *Bibliothèques,* qui devraient continuellement s'enrichir, soit par des subventions régulières, soit par des dons particuliers; mais je dois savoir m'arrêter ; aussi bien,

Le secret d'ennuyer est celui de tout dire '

V

Me voici arrivé à nos intérêts matériels — à ces intérêts qui semblent plus pressants, plus immédiats que nos intérêts moraux, alors cependant que, si nous prenions la peine de réfléchir, nous les ferions passer après, bien après, ces derniers.

Ici, doit-on distinguer entre les questions générales et les questions simplement locales? entre ce qui doit être entrepris par l'État et ce qui doit être fait par l'administration municipale? Marseille, elle, ne distingue pas!

Sans doute, une ville, même une ville de 35,000 âmes, ne saurait toujours obtenir de l'État qu'il écoute toutes ses demandes.

Il est, en effet, des nécessités budgétaires auxquelles les ministres doivent, les premiers, se soumettre ! Mais, enfin, lorsque cette ville est, — et c'est le cas de Cette, — un port de mer important; c'est-à-dire, un centre desservant toute une grande région, elle ne saurait être comparée à une ville intérieure, dont le rayon d'activité est forcément restreint: l'État lui doit son aide, et le devoir de ses administrateurs est de le réclamer !

Marseille — et je ne me lasserai jamais de la donner pour exemple à Cette ! — Marseille dis-je, comprend si bien que l'État est tenu vis-à-vis d'elle, qu'il est dans l'obligation de suffire à tous ses besoins généraux, qu'elle ne laisse pas passer un jour, une heure même, sans lui demander qu'il leur donne les plus larges satisfactions possibles.

Eh bien ! Cette doit en agir de même !

Et ses administrateurs ont d'autant plus le devoir d'intervenir ainsi, sans trève ni repos, que le Parlement a voté pour elle — pour son port — un ensemble de grands travaux devant lui permettre de répondre plus utilement que par le passé aux légitimes exigences de son commerce.

Après tout, un pareil vote ne saurait rester une lettre morte !

On dira, je le sais, qu'avec le temps les travaux que ce vote promet s'exécuteront; mais leur urgence ne s'impose-t-elle pas dès à présent? et sont-ils, d'ailleurs, les seuls qui soient à entreprendre pour faire, de notre port, le port modèle qu'il serait depuis longtemps, si l'on avait su mettre à profit toutes ses admirables ressources ?

Maintenant, que dirai-je de nos intérêts plus immédiatement locaux, — intérêts que la Ville doit satisfaire avec ses seules ressources?

Je trouve que nos anciennes administrations ne les ont pas toujours assez sérieusement étudiés, ces intérêts; qu'elles les ont trop souvent abandonnés à eux-mêmes, si ce n'est aux convoitises particulières.

Mon Dieu! je ne les blâme pas: je ne fais le procès de personne! seulement, si elles avaient mieux compris leur devoir, voici comment elles auraient procédé:

Elles auraient dressé le programme des améliorations que demande la Cité, en tenant compte de l'extension à laquelle elle est appelée, et, ce programme dressé, elles auraient procédé à l'exécution de chacune de ses parties avec la plus extrême économie, mais sans laisser, sous prétexte d'économie, quelque chose à y reprendre.

Ainsi, on n'a ouvert le boulevard de la Charité que sur la longueur seulement de l'Hôpital, alors qu'il aurait fallu le prolonger, en prévision de l'avenir, jusqu'au chemin vicinal n° 1, tout au moins.

Ainsi, encore, ce chemin vicinal qu'on a rectifié en portant sa largeur à 6 ou 7 mètres; ce chemin aurait dû former, autour de la montagne, un véritable boulevard, sauf à ne l'ouvrir que par sections déterminées, au fur et à mesure que des excédents de recettes sans emploi se seraient produits.

Ainsi, enfin, à la Bordigue, on a laissé, en dehors des travaux de voirie qui y ont été faits, tout l'angle du quai des Moulins et du quai de l'Avenir et, par cela seul, ce quartier, le plus beau de la Ville, se trouve incomplètement percé!

Aujourd'hui, et malheureusement, toutes ces fautes sont à réparer, et elles nous coûteront, en sus de la dépense qui aurait suffi pour les éviter, des centaines de mille francs.

Notre nouvelle administration devra s'attacher à ne pas suivre, on l'a déjà compris, de pareils errements.

Si, comme je l'ai admis, elle est réellement intelligente, elle mettra, au contraire, son honneur à les faire oublier en n'agissant jamais qu'en vue d'un intérêt public bien déterminé.

Sa voie me paraît toute tracée: ne rien dépenser sans une utilité incontestable; ne rien entreprendre sans avoir arrêté les

voies et moyens qui permettront d'achever toute nouvelle entreprise dans son entier !

VI

Qu'on me permette d'insister sur la question de nos intérêts matériels simplement municipaux.

Notre nouvelle administration se trouve riche, comme je
l'ai admis, de toutes les économies qu'elle a heureusement
réalisées sur nos recettes, tant ordinaires qu'extraordinaires,
et il ne s'agit plus, pour elle, que de les employer utilement
— d'en faire un bon usage.

Comment procédera-t-elle?

Elle ne dispose plus que d'une partie de ces économies ;
puisqu'elle aura dû répondre, d'abord, à tous les besoins de
l'instruction publique.

C'est dire que ses ressources se trouvant relativement réduites, elle ne saurait entreprendre tous les travaux d'édilité
qui s'imposent à sa sollicitude, qu'elle sera tenue de faire
un choix entre les plus urgents.

Le programme que j'ai reproché à nos anciennes administration de ne pas avoir arrêté, ce programme, devra donc faire
l'objet de ses premières délibérations : il faut savoir, avant tout,
où l'on va !

Mais que sera ce programme ? Que comprendra-t-il ?

Il devra prévoir, en première ligne, la construction des écoles
réclamées par l'enseignement primaire à tous les degrés.

Il ne s'agit pas d'édifier de véritables monuments. C'est un
luxe qu'il faut laisser à une grande ville comme Paris Elle se
bornera donc à faire le nécessaire, rien de plus ; mais, aussi,
rien de moins.

Les bâtiments scolaires seront simples ; seulement, ils réuniront tous les avantages hygiéniques imaginables : de l'air, de la lumière et, comme complément indispensable, des cours spacieuses.

Construits dans ces conditions, ils coûteront cher encore ; mais ce sera une dépense une fois faite !

En même temps qu'on édifierait des écoles, il conviendrait de construire, encore sans luxe, un bâtiment indépendant pour la Bibliothèque communale, qui ne saurait rester dans les combles où elle se trouve actuellement.

Le rez-de-chaussée de la Bibliothèque devrait être affecté à deux amphithéâtres, l'un, petit, pour les cours d'adultes ; l'autre, plus grand, pour des conférences.

Le programme comprendrait, ensuite, les travaux de transformation des anciennes Casernes.

Il faut, là, ouvrir des rues, construire un marché couvert et placer la Bibliothèque communale avec ses annexes.

Les nouvelles rues sont d'avance indiquées : prolongement de la rue des Hôtes jusqu'à la rue Jeu-de-Mail, en rachetant leur différence de niveau, soit par une pente, soit, si cette pente devait être trop rapide, par un escalier ; prolongement de la rue supérieure de l'Esplanade jusqu'à la rue des Hôtes prolongée, et même, si l'église Saint-Joseph est déplacée comme il en est question, jusqu'à la rue de l'Hôtel-de-Ville ; enfin, ouverture de deux rues parallèles, l'une, à la rue des Hôtes ; l'autre, à la rue supérieure de l'Esplanade, de manière à délimiter et à dégager absolument le Marché couvert.

Je ne vois pas pourquoi la rue parallèle à la rue Hôtes n'aurait pas un débouché sur la rue des Casernes ; il y a là, et heureusement, un emplacement libre que la Ville pourrait acquérir à assez bas prix en raison de sa grande profondeur.

Quant à la partie des Casernes qui se trouve en alignement sur la rue du Jeu-de-Mail, en contre-haut, par conséquent, de la rue des Hôtes et des autres rues à ouvrir, elle pourrait être occupée par un groupe scolaire, garçons et filles, et par la Bibliothèque communale et ses amphithéâtres.

Pensera-t-on que la réalisation d'un pareil plan entraînerait la Ville dans une dépense au-dessus de ses ressources ? On remarquera, d'abord, qu'on n'est pas dans l'obligation de l'exécuter du jour au lendemain, et, ensuite, que le prix produit par la vente des terrains des anciennes Casernes restés disponibles, tous en bordure sur le nouveau Marché, la couvrirait largement, selon toutes les prévisions.

Dans tous les cas, ici encore, il importe qu'un plan d'ensemble définitif soit adopté.

VII

Je continue.

Le programme des travaux d'édilité qui s'imposent, mentionnera ; mais à la suite de ceux que j'ai déjà indiqués :

Le prolongement du boulevard de la Charité, jusqu'aux nouvelles Casernes, tout au moins ;

La continuation, jusqu'au quai des Moulins, de la rue B, à la Bordigue,

Et, enfin, le redressement et l'élargissement de la rue Neuve, du pont de la Darse à la route de Montpellier.

Le boulevard de la Charité ne saurait rester une impasse.

Les nouvelles Casernes n'ont pas d'autre accès que le chemin vicinal n° 1, chemin étroit, sinueux et, dans tous les cas, insuffisant pour la circulation qu'elles doivent nécessairement appeler ; d'un autre côté, les rues Auriol, ouvertes ou à ouvrir, ainsi que l'Esplanade qui doit en être le centre, ne peuvent pas rester isolées ; or, en prolongeant ce boulevard, la viabilité de ce quartier et celle des nouvelles Casernes se trouveraient assurées d'une manière satisfaisante, en même temps que la Ville compterait une seconde voie magistrale, comparable à sa première, l'Avenue de la Gare.

On verrait, plus tard, à la continuer autour de la montagne.

La dépense sera, dès à présent, relativement considérable, puisqu'il faudra atteindre les constructions qu'on a eu le tort de laisser s'élever à la suite du tronçon d'avenue longeant l'Hôpital; mais faut-il ajouter une nouvelle faute à celle déjà commise? Toute la question est de savoir si l'on peut éviter ou non de prolonger cette voie. Je crois, pour ma part, qu'on doit se hâter, sinon de l'ouvrir, du moins d'en déterminer le tracé, et de le faire déclarer d'utilité publique, afin d'empêcher que d'autres bâtiments ne se construisent sur les terrains qu'elle est appelée à occuper. Le temps fera le reste.

Le prolongement de la rue B jusqu'au quai des Moulins complétera, de son côté, dans la mesure aujourd'hui possible, la viabilité du quartier de la Bordigue.

L'Avenue de la Gare donne à ce quartier un très bel aspect; on ne pouvait faire mieux, certes! toutefois, une avenue, même aux larges proportions, n'assure pas toujours les communications indispensables au commerce, alors surtout qu'elle est **ouverte** dans **un** quartier maritime, entouré de quais.

Du reste, ce prolongement de rue pourrait s'exécuter à peu de frais, les propriétaires des terrains à atteindre ayant plus d'intérêt que la Ville à ce qu'il se fasse.

Quant aux travaux de redressement et d'élargissement de la partie de la rue Neuve comprise entre le pont de la Darse et la rue de Montpellier, je ne vois pas qu'on puisse les différer: ils s'imposent, dès à présent!

Le pont de la Darse va être reconstruit: il devrait l'être depuis longtemps! Il faut, par suite, de toute nécessité, qu'on lui donne, au Sud, un débouché répondant à la circulation du Nord, à la circulation de l'Avenue de la Gare.

Je n'oublie pas qu'un projet a été présenté qui, continuant cette belle avenue jusqu'au nouveau Bassin maritime, en ferait une voie splendide, sans pareille dans tout le Midi ; seulement, où en est l'utilité?

Sachons compter ; dépenser pour le plaisir de l'œil, c'est folie!

Il s'agit, non pas de faire grand, mais de répondre aux besoins de la circulation.

Il suffira, ici, de dégager, par un rond-point, les abords Sud du pont de la Darse et d'élargir, en la redressant, la rue du Pont-Neuf jusqu'à la rue de Montpellier, dont l'alignement demande, d'ailleurs, à être complété. pour que ces besoins soient remplis.

Du reste, cette solution ne rend pas impossible le percement projeté; elle le commence, au contraire! ...

Le programme des améliorations matérielles dont l'urgence ne paraît pas contestable serait-il ainsi complet? Tout y a-t-il été prévu? N'aurait-on rien à y ajouter ? Il m'aurait fallu y comprendre encore beaucoup d'autres travaux, comme par exemple, la démolition de quelques maisons et la construction d'un escalier, de manière à établir une communication directe entre la Grande Rue et la rue Haute, les vieux quartiers de la Ville ne devant pas, après tout, être complètement abandonnés à eux-mêmes. Mais qui ne comprendra que je ne puisse tout dire? Je suis allé au plus pressé; que d'autres complètent mes indications.

VIII

Je croyais en avoir fini avec toutes les questions dont la solution s'impose, dès à présent, à nos nouveaux édiles ; mais on me fait remarquer qu'il en est deux : la question de l'eau et la question des tramways dont ils doivent pareillement, et avant toutes les autres peut-être, s'occuper.

Et bien ! voyons comme on pourrait les résoudre.

Cette, resserrée entre la mer, sa montagne et l'Étang de Thau, n'a aucune voie rapide la reliant avec la plaine Saint-Joseph et avec les communes de Frontignan et de Balaruc ; c'est-à-dire, avec les localités où l'industrie trouverait facilement, et à bon marché, de grands emplacements.

D'un autre côté, Cette manque d'eau ; soit, de l'élément le plus indispensable au travail humain, en général.

L'établissement de tramways qui, partant de Cette, iraient aboutir, l'un à Frontignan et à Balaruc, avec une station commune à la Peyrade : l'autre, à la plaine Saint-Joseph, en contournant, si l'on veut, le versant Nord de la montagne ; cet établissement n'est pas chose facile, car les routes que les tramways devraient suivre sont déjà insuffisantes, lorsqu'elles existent, pour le trafic qui s'y produit.

Il faut tenir compte, ensuite, que ces tramways ne rendraient de réels services que si la traction s'y faisait, non pas au moyen de chevaux, mais à l'aide de locomotives.

Quant à présent, et tant que le boulevard de la Charité n'aura pas été ouvert jusqu'aux nouvelles Casernes, il faut renoncer à avoir un tramway, même à traction de chevaux, desservant Saint-Joseph, et, comme conséquence, le cimetière. les Salines et la plage d'Agde, ou, avant quelques années, se porteront naturellement tous les baigneurs.

Par contre, le tramway de Frontignan-Balaruc peut être immédiatement construit, à la seule condition qu'il n'empruntera ni le pont de la Peyrade, ni la partie de la route nationale n° 108, comprise entre ce pont et le pont de Montpellier, à Cette.

Voici quel devrait être son tracé :

Il partirait du pont Régis, et il suivrait le quai d'Orient, le quai de l'Abattoir et le chemin de halage du Canal des Étangs, jusqu'au pont de la Peyrade ; là, il franchirait le chemin de fer du Midi et s'accoterait à ce pont, jusqu'à son extrémité Nord, où il s'assoirait sur la route nationale même ; enfin, au point où la route départementale n° 4 vient se souder à celle-ci, il se biffurquerait pour aller aboutir, d'une part, à Frontignan et, de l'autre, à Balaruc.

Ce tracé ne permettrait que l'emploi d'une voie de 90 c,, d'un mètre, au plus; mais cette voie, si elle était bien établie, serait largement suffisante, aussi bien pour le transport des marchandises que pour celui des voyageurs.

La pratique a, du reste, démontré que les tramways à voie étroite — les chemins de fer sur route — peuvent être utilement employés et qu'ils sont desservis, non moins utilement, par des locomotives.

Ce tramway, comme celui de Saint Joseph, devrait faire l'objet d'une concession spéciale, de manière à ne rien coûter aux finances municipales.

La question de l'eau, elle, est peut-être plus facile à résoudre que celle des tramways.

Ici, on n'a à vaincre aucune difficulté sérieuse; on est, en effet, en présence d'une situation acquise, bien définie, dont il ne s'agit que de tirer parti.

Cette possède la source tout entière de l'Issanka.

Cette source débite, par 24 heures, jusqu'à 12.000 mètres cubes d'une eau excellente, comme peu de villes en ont à leur disposition.

Sur ces 12.000 m., elle n'en prend que 3.000; les conduites, primitivement établies et alimentées par des machines qui ne peuvent en élever plus, ne sauraient en donner une plus grande quantité.

Or, alors que l'eau manque à Cette, soit pour les besoins particuliers, soit surtout pour les besoins industriels, pourquoi n'utiliserait-on pas les 9.000 m. c. qui restent ainsi sans emploi, qu'on laisse déverser, sans profit pour personne, dans l'Étang de Thau?

On n'aurait pas la libre disposition de cette eau qu'on songerait à la faire venir à grands frais de l'Hérault, et même du Rhône!

Cependant, rien ne serait plus facile que de l'amener à Cette.

Le moulin de Rocquerol est à une altitude de 16 m. ; la distance de ce moulin à Cette est, tout au plus, de 10 kilomètres ; la pente nécessaire pour que l'eau y arrive naturellement n'est donc pas à chercher.

Il ne s'agit que d'une conduite à établir.

Le point d'arrivée de la nouvelle prise d'eau pourrait être l'Abattoir — l'Abattoir qu'on parle de déplacer dans des conditions qui mériteraient, elles aussi, d'être mûrement examinées.

De là, l'eau serait répartie selon les besoins ou. plutôt, selon les demandes, en en élevant, au moyen de machines, des quantités déterminées, sa plus grande masse devant être employée au niveau d'arrivée.

Reste à trouver, je ne saurais l'ignorer, les voies et moyens, les recettes tant ordinaires qu'extraordinaires de la Ville ne pouvant couvrir les dépenses d'une pareille entreprise, dépenses devant s'élever à 1.200.000 fr., si ce n'est plus.

Mais pourquoi l'eau amenée ne la payerait-elle pas ?

Admettons que, sur les 9.000 m. d'eau comptés, il n'en arrive, en moyenne, par jour que 6.000, et que, sur ces 6.000, on en vende seulement 5.000 au prix minimum de 30 fr. le mètre cube ; eh bien ! on aura une recette brute de 5.000 × 30 = 150.000 fr., et nette, en déduisant 24.800 fr. pour les frais généraux, de 125.200 fr.

L'intérêt et l'amortissement, en 30 ans, de 1.200.000 fr., total de la dépense, n'étant, à 5 p. 100, que de :

$$1.200.000 \text{ fr.} \times 6 \text{ fr.} 50 : 100 = 78.000 \text{ fr.},$$

il resterait disponible, par an :

$$125.200 \text{ fr.} - 78.000 \text{ fr.} = 47.200 \text{ fr.}$$

La Ville ne pouvant faire un nouvel emprunt, et pour cause, l'emprunt de 3.935.000 fr. qu'elle a contracté en 1879 l'ayant mise dans l'obligation de surcharger de plusieurs décimes même les droits d'octroi, il y aurait lieu de traiter avec une Compagnie particulière, à ces conditions :

Abandon à la Compagnie, par la Ville, de 5.000 m. c. sur l'eau amenée, les mètres cubes au-dessus de cette quantité lui appartenant, sans qu'elle puisse, toutefois, les vendre, soit directement, soit indirectement ;

Garantie de la somme que la Compagnie avancerait pour les travaux de la conduite et autres, au taux de 5 p. 100 pour les intérêts et de 1.50 p. 100 pour l'amortissement, sans que cette garantie puisse porter au delà de 30 ans, à partir du jour de l'arrivée de l'eau dans la Ville ;

Partage entre la Ville et la Compagnie du produit net, au dessus de 6.50 p. 100, de la vente de l'eau amenée ;

Enfin, à la fin de la trentième année abandon, à la Ville, par la Compagnie, sans indemnité au profit de celle-ci, de la conduite d'eau et de toutes les installations, par destination, que son exploitation aura pu demander.

Il resterait, d'ailleurs, entendu, que la Compagnie devrait exécuter les travaux de la conduite d'eau, ainsi que les divers travaux accessoires, d'après un devis et un cahier des charges contradictoirement arrêté avec la Ville, et que, au moment où son exploitation prendrait fin, elle serait tenue de livrer la conduite d'eau à celle-ci en bon état d'entretien.

Un traité intervenu dans de pareilles conditions sauvegarderait largement tous les intérêts ; il aurait, de plus, cet avantage pour la Ville de lui assurer, si ce n'est dans le présent, du moins, dans l'avenir, un revenu élevé, et, cela, tout en donnant, enfin, à sa population l'eau dont elle ne saurait pendant plus longtemps se passer.

Il n'est pas toujours nécessaire, on le voit, d'emprunter pour doter une population de services d'intérêt public !

IX

Il ne me reste plus, maintenant, qu'à aborder une question — la plus délicate, sans contredit, de toutes celles que je me suis donné la tâche de traiter — la question des rapports de la Municipalité avec la population.

J'ai admis que nos prochaines élections municipales nous donneraient une Administration républicaine.

Eh bien! si notre nouvelle Administration est telle, voici ce qui adviendra:

Non seulement, elle s'attachera à remplir, dans son entier, le programme des améliorations morales et matérielles, que j'ai esquissé; mais, encore, elle considérera comme le premier de ses devoirs de soumettre tous ses actes, les plus insignifiants comme les plus importants, à l'opinion publique — à cette opinion dont tout élu, du plus petit au plus grand, dépend, et qui est, en définitive, seule souveraine.

Elle publiera donc:

D'abord, le budget communal, en faisant connaître les motifs qui, aux recettes comme aux dépenses, justifient, à ses yeux, les chiffres qui en donnent le double total;

Ensuite, le compte financier de l'année — ce compte sans lequel le budget dressé avec le plus grand soin n'est qu'une fiction — un leurre — ce qu'est, par exemple, l'hypothèse à la réalité;

Ensuite, encore, le compte rendu, aussi complet que possible, des séances du Conseil municipal, avec le nom des Membres qui, au cours de la délibération, ont jugé utile de prendre la parole, soit pour émettre un avis, soit pour combattre celui auquel ils n'ont pas cru pouvoir se rallier;

Enfin, les motifs qui l'auront amenée à prendre, en dehors du Conseil municipal, une mesure administrative d'une gravité exceptionnelle...

Sans doute, en agissant ainsi, elle rompra avec des habitudes prises — séculaires même ; — mais enfin elle ne fera que se conformer aux conditions essentielles de son mandat.

Ne vous récriez pas !

Dans la vie, il arrive souvent qu'on donne à un tiers une mission, et, toujours, il est entendu, expressément ou tacitement, peu importe ! que ce tiers rendra compte de la manière, plus ou moins heureuse, dont il l'aura remplie. Or, est-ce qu'un Conseil municipal et l'Administration qui en émane ne seraient pas tenus, par hasard, à la même obligation? Je crois que celle-ci comme celui-là sont d'autant plus astreints à faire connaître leurs actes, que, en général, ils n'en sont responsables que moralement !

Le jour où les élus d'une Cité sauront qu'ils ne sont, en réalité, que des fidéicommis — obligés, comme tels, à rendre des comptes ; — ce jour-là, les fonctions municipales n'auront pas, peut-être, tant de candidats, seulement elles seront remplies, enfin, par des hommes dévoués, intelligents, pour lesquel le mot responsabilité ne sera pas un vain mot — par des hommes qui ne mettront pas leur bon plaisir au-dessus de l'équité, sinon au-dessus de la loi !

Du reste, le citoyen qui a l'honneur d'administrer des intérêts publics a tout à gagner et rien à perdre à faire connaître ses actes — à les livrer à la publicité: on pourra le critiquer, le blâmer même; mais on ne saurait suspecter son honnêteté !

Mais, c'est entendu ! nos prochaines élections municipales nous donneront une Administration qui ne se préoccupera que du bien de la Cité; — en un mot, des édiles modèles!

Les électeurs sont crédules. Ils se laissent prendre facilement à de hardies affirmations, à des programmes trop beaux pour entrer dans le domaine des réalités. Mais pourquoi, une fois par hasard, ne se laisseraient-ils pas guider par la raison?

J'aime la passion; seule, elle rend possibles les grandes choses;

toutefois, il ne saurait être question, dans des élections municipales, de ... prendre Carthage! ...

J'ai fini.

Ces lettres ont posé des points de repaire, des jalons, indiquant
dans une certaine mesure, la voie que notre nouvelle Administration
municipale devrait suivre pour répondre à tous nos *desiderata*,
pour faire de Cette la ville florissante que chacun de ses enfants
a rêvée.

D'autres auraient pu, mieux que moi, et avec plus d'autorité
que moi, surtout, l'indiquer, cette voie.

Mais, à leur défaut, j'ai cru devoir prendre la parole..

Qu'on me pardonne donc si, sur certains points, elles sont res-
tées incomplètes — si elles ne disent pas tout ce qui était à dire!

10 septembre — 12 novembre 1880.

A deux reprises différentes — en 1871 et en 1880 — nous nous
sommes efforcé de constituer, à Cette, une Association ouverte
qui, à l'exemple de la *Société pour le développement du commerce*,
de Marseille, et de l'*Association Industrielle*, de Mulhouse, qui,
l'une et l'autre, ont été fondées dans un intérêt purement local,
se serait donné pour but :

D'étudier les besoins de Cette;

De les formuler,

Et, enfin, d'en porter la manifestation devant les pouvoirs publics.

La *Société Commerciale et Industrielle* de Cette devait être,
d'après nous, une association ouverte, parce que, pour fonction_

ner utilement, elle était tenue de réunir le concours, ainsi que les lumières de tous.

Nous ne songions pas, certes, à contester les services réels que l'Administration municipale, la Chambre de commerce et, si l'on veut, le Syndicat du commerce des vins rendent à la Cité ; mais nous pensions qu'une association libre, puissamment organisée, pourrait agir, à un moment donné d'une manière décisive ; que, dans tous les cas, elle assurerait à ces corps la force qui résulte. toujours de volontés arrêtées, poursuivant incessamment un même but.

Cependant, et nous regrettons d'avoir à le dire : notre appel ne fut pas entendu !

La *Société Commerciale et Industrielle* de Cette est encore, à l'heure actuelle, à créer !

Eh bien ! nous le demandons aux moins convaincus : n'est-il pas temps que, rompant avec cette sorte d'inertie locale qui lasse les meilleurs dévouements ; n'est-il pas temps, grand temps, que cette association se forme, enfin ?

L'heure est venue, ce nous semble, où nul, à Cette, n'a plus le droit de se montrer indifférent à la chose publique.

Les grands travaux dont ces pages ont démontré l'inéluctable nécessité ne se feront pas, si tout le monde n'y aide ; et puis Cette n'est-elle pas menacée de voir la plage de Gruissan, transformé en port, devenir le point de débouquement, sur la Méditerranée, du Canal maritime des Deux-Mers ?

Ah ! que nos concitoyens nous en croient : il vient un moment où les populations n'ont pas le droit de rester indifférentes, où elles sont tenues de témoigner de leur vitalité, et, pour eux, ce moment est venu, s'ils veulent conserver et étendre la prépondérance de leur Ville, — de Cette !

Imp. de la Soc. de Typ. - Noizette, 8, r. Campagne-Première. Paris.

Imp. de la Soc. de Typ. — Noizette, 8, rue Campagne-Première, Paris.